ALEJANDRO VARGAS GUERRERO

TRÁNSITO DE LAS CELEBRIDADES

EXLIBRIC

ANTEQUERA 2021

ALEJANDRO VARGAS GUERRERO

TRÁNSITO DE LAS CELEBRIDADES

1. Tránsito de la princesa Diana

Diana, princesa de Gales (Diana Frances Spencer, Sandringham, nació el 1 de julio de 1961 y partió el 31 de agosto de 1997), también conocida como Lady Di, fue la primera esposa del príncipe Charles, el heredero de la Corona británica, con quien tuvo dos hijos, William y Harry. Diana fue objeto del escrutinio mundial y de la atención mediática durante y después de su matrimonio, el cual finalizó el 28 de agosto de 1996. Su vida, obra e inesperada partida en un accidente de tráfico, acaecido el 31 de agosto de 1997, la convirtieron en un auténtico mito de la cultura británica y en un personaje extremadamente popular. Es considerada tal vez la mujer más famosa y fotografiada del mundo en aquella época.

Hoy me dispongo a canalizarla y que me cuente cómo fueron los momentos de su partida y tránsito.

—Estaba de vacaciones en París con Dodi. Él me insistió en que aquella noche saliéramos del hotel. Yo no quería hacerlo, me encontraba bastante cansada; habíamos estado todo el día fuera y solo quería dormir. Pero él me insistió en que nos fuésemos a su departamento y al final accedí, pues sería un trayecto corto y cuando llegásemos al apartamento yo pensaba dormir. Antes hicimos una maniobra para distraer a los *paparazzis* y que pudiésemos salir pasando desapercibidos. Pero no nos sirvió. Estaba aterrada, no habían dejado de perseguirnos en todo el día. Al montarnos en el coche íbamos nerviosos. El chofer iba a toda prisa y yo le pedí que parase el coche porque empecé a ponerme nerviosa, pero no me escuchaba, parecía como si fuese hipnotizado. De repente entramos en el puente del Alma y no llego a recordar qué fue lo que pasó. Solo recuerdo que me desperté y me dolía todo el cuerpo, y recuerdo ver la cabeza de Dodi debajo de mi rodilla. Yo pedía auxilio, pero ni el chofer ni el guardaespaldas me escuchaban. Recuerdo que vino alguien, un médico, pero en ese momento yo perdí el conocimiento y ya no recordé más nada de lo que pasó.

Yo le pregunto si lo vio todo fuera de su cuerpo en el puente del Alma y me transmite que no. Lo que me dice es que sí recuerda haber visto a mucha gente asomarse al puente del Alma.

Me dice que de repente se vio en el hospital tendida en una cama, donde varios médicos la estaban atendiendo y que se veía aterrada. No entendía nada de lo que estaba pasando, se veía en un hospital y no sabía por qué. Buscó a Dodi, pero no lo encontraba por ninguna parte; estaba muy confundida. Y me transmite que lloró mucho. Se sentía aturdida y, de repente, a la mañana siguiente fue a la habitación donde vio su cuerpo tapado y ahí entendió que había muerto; no se lo podía creer. Me dice que gritó mucho y que le hablaba a los médicos, pero nadie la escuchaba. Me dice que vio cómo cuatro personas entraban en la habitación donde estaba su cadáver. La habían maquillado y no le había gustado cómo la habían dejado, aunque sí agradeció que Paul Burrell, su mayordomo, le trajese uno de sus vestidos favoritos de Catherine Walker y se lo pusieran. Vio cómo llegaban al hospital Charles, el príncipe de Gales, y sus dos hermanas. Sintió rabia al verlo, me dice, y que cuando entró a la habitación donde yacía su cuerpo, le vio con una actitud muy fría y le culpaba por no haberla protegido. Le reprochó muchas cosas y una de ellas fue que la hubiese dejado sola.

—Cuando el féretro volvía a Londres, yo iba en el avión también con Charles y mis dos hermanas. Estuve consolando a *lady* Jane; fue a la más afectada que vi. Cuando llegamos a Londres vi todas las flores, todas las muestras y homenajes que me hicieron, tanto en el palacio de Buckingham, en el palacio de Kensington como en las residencias reales. Me emocioné muchísimo y yo estaba ahí entre la multitud consolando a cada uno de los presentes, a los que veía cómo lloraban mi ausencia. Yo les transmitía que estaba ahí con ellos, los abrazaba, les acariciaba los hombros, pero por más que lo hacía no me escuchaban y me sentía muy frustrada por ello. También, por supuesto, vi todas las muestras de cariño que me hicieron alrededor del mundo. No me lo podía creer, jamás pensé que me iban a hacer algo así. Después de todo, decidí que tenía que ir a ver a mis hijos, sentía la necesidad de verlos, de abrazarlos, sentirlos; no me quería ni imaginar cómo estaban. Al llegar no me gustó nada el comportamiento tan frío que la familia real tuvo con ellos, tampoco me gustó verlos caminar detrás de mi ataúd en el funeral. No deseaba para nada que estuvieran ahí, no era el lugar adecuado para dos niños de doce y quince años. Cuando llegué, los abracé y les dije: «Mamá está aquí. No me he ido, sigo aquí con vosotros». Y otra vez me sentía frustrada porque no me escuchaban. Escuchaba sus pensamientos y mi corazón se rompía en dos al verlos tan destrozados. Los estuve observando varios días, no me separé de ellos en un instante; era mi deber como madre estar con ellos en esos momentos. Los veía jugar con sus primos y eso me alegraba porque los veía contentos, aunque por dentro estuviesen destrozados. Me alegré de que Charles no los llevase a París. Tomó muy buena decisión. No hubiese soportado ver eso.

»Cuando mis hijos regresaron a Londres para mi funeral, estuve en todo momento acompañándolos en el avión, arropándolos, a Harry sobre todo, que incluso sentí que notó mi presencia en ese instante y supo que yo estaba ahí con él. En el momento que estuvieron a las puertas del palacio de Kensington con su padre viendo las dedicatorias y los homenajes que me habían hecho, yo también estuve ahí con ellos, ayudándolos y leyendo todas las condolencias y cartas que me escribieron. Fueron muy fuertes y valientes, y ahí me sentí muy orgullosa de ellos y de todo lo que les enseñé.

»Estuve también viendo mi funeral. Me emocioné muchísimo al ver la multitud de personas que había, jamás me imaginé que iba a tener un funeral así. No hubiese querido nunca un funeral de Estado. Como todos se agolpaban para ver mi féretro, sin duda fue muy emocionante para mí. En la abadía yo estaba al lado de mis hijos y escuchaba los pensamientos de la familia real, y te aseguro que no eran nada agradables, sobre todo los de la reina y la princesa Margaret. También estuve acompañando a mi pelirroja, Sarah Ferguson. Aunque estuvimos un año sin hablarnos, yo la quería mucho y pensaba llamarla para retomar el contacto porque la echaba muchísimo de menos. Escucho el discurso de su hermano Charles; se ve que lo dijo desde la rabia y también desde el amor. Yo no sentí que fuese un ataque a la familia real ni a la prensa. A fin de cuentas, todo lo que pasó en mi vida como Diana tenía que ser así para mi evolución.

Le pregunto si su cuerpo estaba en el ataúd y me transmite que no. Me confirma que, efectivamente, fue incinerada y enterrada en la bóveda de la familia Spencer con sus abuelos y su padre. También me dice que para nada le hubiese gustado que su cuerpo descansara en Althorp; ese lugar le parecía horrible. Me comenta que estuvo dos meses al lado de sus hijos sin querer ir hacia la luz, hasta que ya decidió que tenía que dejarlos y marchar hacia el otro lado. Ya le llamaba la atención esa luz hermosa y radiante, y decidió ir hacia a ella. Cuando cruzó —se emociona muchísimo cuando me lo cuenta—, fue maravilloso. Ahí estaban esperándola su padre, que fue el que le dio el abrazo de bienvenida, sus abuelos y me comenta que vio a muchos ángeles, incluso al maestro Jesús. Me dice que, sin duda, tuvo un recibimiento muy bonito. Me comenta y me confirma que ella era una trabajadora de la luz, pero, debido a ser un miembro de la familia real británica y a su rol de princesa de Gales, no pudo cumplir ese rol como a ella le hubiese gustado, aunque en parte lo hizo, porque dio mucho amor al planeta y ayudó a tantos seres que la necesitaban.

Me comenta que su función allí en el plano espiritual es dar amor. Se dedica a cuidar a los niños y a enseñarles la asignatura del amor, y también a muchas otras almas. Me dice que allí todo es maravilloso y que es algo que nada tiene que ver con la Tierra, pero no me lo puede decir porque, como yo ya sabía y ella me cuenta, nuestra mente no está preparada para saberlo todo sobre el plano espiritual. Me dice que allí ha encontrado a su llama gemela; se llama Robert y está muy feliz con él. Juntos de la mano mandan mucha luz y amor al planeta, sobre todo en estos tiempos que estamos pasando. Me comenta que pasó una vida dura, pero que valió la pena, porque de eso se trata, de aprender de lo bueno y lo malo, que es lo que ayuda y fortalece nuestro espíritu. Me comenta que allí está su madre Frances Shand Kydd con ella; tuvieron una relación complicada en la Tierra, pero ya todo es diferente entre ellas y me dice que se dan mucho amor y se visitan de vez en cuando. Fue una gran maestra para ella, de las mejores que tuvo en su encarnación como Diana. Cuando llegó aquí, fue junto a su abuela y lo primero que le dijo fue gracias, porque por ella fue que lo aprendió casi todo.

Le pregunto por sus hijos y me dice que está muy contenta con ellos, con las mujeres que han escogido para ser sus esposas y de verlos felices con sus hijos. Está muy orgullosa.

Le pregunto si volverá a reencarnarse y me dice que no en la Tierra, porque allí el trabajo que tenía que hacer lo hizo y no tiene que volver allí. Me comenta que ella es la guía de varias personas en la Tierra y que ya no se reencarnará más, puesto que lo cumplió todo.

Me transmite para todos, tanto para los que la amaron como para los que no, que se amen y se quieran, porque el amor es la armadura más potente y fuerte que todos tenemos. Y con eso ya se despide.

2. Tránsito de los Kennedy (Jackie, John, Robert, John Jr. Kennedy y Caroline Bessette)

Jacqueline Lee Kennedy Onassis (Southampton, 28 de julio de 1929-Nueva York, 19 de mayo de 1994) fue primera dama de los Estados Unidos por ser la esposa del trigésimo quinto presidente del país, John F. Kennedy, durante su presidencia desde 1961 hasta el asesinato del mismo en 1963.

Partió el 19 de mayo de 1994 rodeada de sus dos hijos. Se la llevó un cáncer linfático.

Empiezo hablando con Jackie. Me comenta que ya se encontraba muy enferma en su proceso final y que deseaba partir, no podía soportar los dolores. Me dice que fue una liberación para ella salir del cuerpo y sintió algo liberador que nunca había sentido. En todo momento supo que ya no estaba en su cuerpo, pero se esperaba estar en otro lado, no en su mismo apartamento y en la misma habitación donde pasó sus últimas horas finales. En todo momento estuvo con sus hijos, consolándolos y haciéndoles ver que no se había ido, que seguía allí a pesar de que no se daban cuenta. A quien más afectado vio fue a John. Me dice que quería a sus dos hijos por igual, pero que su hijo John era con el que más estrecha relación tenía. Me comenta que estuvo en su funeral y se alegró mucho de ver que su última voluntad se cumplió, pues el funeral que se le hizo fue como ella quería.

Veía a todas las personas que entraban a la iglesia de San Ignacio de Loyola; había personas que les agradó ver y a otras, no mucho. Me comentaba que esas personas solamente fueron por interés político y por morbo de ver el funeral de la viuda de Kennedy, como escuché en algunos pensamientos de los que estaban allí presentes. Me comenta que estuvo bastante tiempo aquí; pensó en irse, pero estaba a gusto aquí y quería seguir al lado de sus hijos y nietos. Se pensó que, al cruzar a la luz, perdería contacto con todos ellos y no quería hacerlo. Ella me confiesa que desconocía todo este tema y se preguntaba dónde estaban Jack, Bobby y todos sus familiares, y por qué no habían ido a buscarla cuando desencarnó.

Me dice que estuvo aquí unos cuantos meses y cuando vio a sus dos hijos sobrellevar el duelo y vio a John conocer a Caroline Bessette, que al principio no le agradó mucho, pero viendo lo feliz que hacía a su hijo se puso muy contenta y se alegró de que apareciera en su vida (ahora allá me comenta que las dos se llevan muy bien y son muy buenas amigas), ya vio que aquí no tenía nada más por hacer. Así que, al ver la luz, le llamó mucho la atención. Me cuenta que buscó a una médium que le explicase todo esto y el por qué ella aún seguía aquí, y cuando se lo explicó, la animó a ir hacia la luz. Antes de cruzar, vio a su padre, a Jack, a Bobby e incluso a su madre, con la que aquí no había tenido muy buena relación y se emocionó muchísimo. Decidió ir. Pensaba que no los vería y, cuando cruzó y vio el mundo espiritual, se sorprendió mucho porque no era como se lo habían contado. Pero, inmediatamente, al desprenderse el velo del olvido, lo entendió todo a la perfección; recordó absolutamente todo. Ahora allí me dice que es muy feliz, me comenta que está con todos, tanto los miembros de la familia Kennedy como más familia álmica. Me comenta que un día volverá a reencarnarse de nuevo en la Tierra, porque aún le queda por aprender un montón. Se despide de mí y me da las gracias por todo.

John Fitzgerald Kennedy (Brookline, Massachusetts, 29 de mayo de 1917-Dallas, Texas, 22 de noviembre de 1963) fue el trigésimo quinto presidente de los Estados Unidos. Fue conocido como John F. Kennedy —«Jack» para sus amigos— o por su sobrenombre JFK.

Fue asesinado el 22 de noviembre de 1963 en Dallas y hoy, 22 de noviembre de 2020, cumpliéndose cincuenta y siete años del asesinato del presidente Kennedy, me decido a canalizarlo para que me cuente cómo fue su proceso de tránsito.

—Mi esposa y yo habíamos llegado a Dallas. Estábamos muy contentos, pues estábamos teniendo una gira muy bonita y agradable. Al llegar y ver a la multitud, nos pusimos muy contentos; me gusta mucho sentir el cariño de la gente. Nos subimos a la limusina e íbamos saludando, yo no paraba de saludar a la multitud cuando, de repente, sentí algo en mi pecho y un dolor en la garganta, como si me hubiesen clavado un clavo ardiendo. Después sentí como un golpe en la cabeza muy fuerte y ahí solo recuerdo que perdí completamente el conocimiento. No recuerdo nada más de cómo fueron los disparos que me asestaron, solo recuerdo que desperté en el hospital y ver mi cuerpo completamente sin ropa. Ahí me preguntaba qué estaba pasando, no entendía el por qué yo estaba ahí, y de repente vi a mi mujer sentada con varios de nuestros guardaespaldas en el hospital. Yo fui y le hablé, le preguntaba: «¿Qué ha pasado?,

¿por qué te encuentras así?». Recuerdo que, cuando vi su vestido ensangrentado, al principio pensé que había sido un ataque terrorista y que alguien de nuestro servicio habría sufrido un percance y por eso estábamos allí. Cuando salió uno de los médicos diciéndole a mi esposa que ya no había nada que hacer y la vi llorar desconsoladamente, yo seguía preguntando qué era lo que pasaba, tanto al médico como a los guardaespaldas, pero no me hacían caso. Volví a ir hacia la habitación donde se encontraba mi cuerpo y no me reconocí, no aceptaba que era yo, porque me veía completamente vivo y no pensaba que había sido asesinado; creía estar viviendo en otra realidad. Permanecí en todo momento al lado de mi esposa, consolándola y tratando de calmarla, tanto en el hospital como en el avión, pero cuando vi a mi esposa ir al lado de Johnson y ver que estaba haciendo el juramento de cargo como presidente, ahí empecé a enfadarme, a confundirme, a no entender qué era lo que pasaba. Le hablaba a todos alrededor para preguntarles qué era lo que pasaba, pero seguían sin escucharme. Pegué gritos y me enfadé muchísimo, no entendía qué hacía mi esposa ahí. Yo no quería aceptar que había sido asesinado, no podía hacerlo.

»Cuando llegamos al aeropuerto y vi a mi hermano Bobby abrazar a mi esposa, yo les pedí explicaciones. Sentí alivio al verlo porque me pensaba que él me escucharía, pero tampoco lo hizo. Cuando el ataúd llegó a la Casa Blanca, ahí ya lo entendí todo y supe que había sido asesinado. Sentí mucha rabia porque sabía quiénes habían sido perfectamente. Nunca me creí que fuese Oswald. Cuando él también fue asesinado porque sabía muchísimo y lo iba a soltar todo, yo estuve ahí ayudándolo en todo momento y le ayudé a ir hacia la luz. Su tránsito fue muy rápido y Oswald me pidió que fuese con él, pero yo le dije que no podía porque antes tenía asuntos pendientes por resolver. Me la pasé abrazado a mi esposa en todo momento, la abracé como nunca lo había hecho en todo nuestro matrimonio. Solo quería estar con ella y decirle que estaba ahí, que no me había ido, pero ella seguía sin escucharme e hice multitud de señales, mas seguía bloqueada y en *shock*.

»Cuando llegó el día de mi funeral, estuve ahí presente en todo momento. Muchos de los que mandaron asesinarme estaban allí presentes también. Sentí una rabia descomunal hacia ellos y les grité, quería que se fuesen, no quería que estuviesen allí. No fue algo muy agradable, tampoco aceptaba aún que había partido. Quería seguir viviendo porque tenía muchas cosas por hacer y también quería destapar muchas cosas que no me dejaron hacer, aunque sabía que era parte del plan. En la Casa Blanca seguía jugando con mis hijos; ahora tenía más tiempo para ellos y también para mi mujer. Era lo único que me importaba, estar con ellos. No me gustó que se fuesen tan pronto de la Casa Blanca. Vi el rostro de mi mujer y el dolor de tener que abandonar el que había sido nuestro hogar durante tres años. Ahí habíamos vivido los momentos más felices de todo nuestro matrimonio y en el último momento estábamos mejor que nunca. Estuve mucho tiempo aquí con ellos. Al año partió mi abuela materna, se sintió muy feliz de verme y me pidió que fuese con ella, pero yo no quería irme. También fueron desencarnando más familiares y amigos míos, y me pedían ir a la luz, pero yo no quería irme, quería seguir aquí. Algunos se quedaban aquí conmigo y otros pues se iban. Yo sentía que tenía que seguir aquí y no podía irme, quería que se supiese la verdad de mi asesinato y también que se destaparan muchas cosas. Me pensaba que al ir hacia el otro lado no podría verlo y no quería irme sin antes presenciarlo.

»Cuando Bobby se presentó para presidente, él era mi esperanza: iba a continuar con mi trabajo y sacar todo lo que a mí no me dejaron sacar. Lo acompañaba a las campañas y lo animaba, eso me hacía muy feliz. También sentía miedo por que pudiesen hacerle algo y, efectivamente, mis peores presagios se hicieron realidad y también acabó asesinado en ese hotel de Los Ángeles. Yo en todo momento estuve con él. Supo que había sido asesinado cuando se vio en la cama entubando y en coma. Vimos a nuestros familiares y le expliqué absolutamente todo. También sintió rabia, confusión e ira, porque quería continuar con todo lo que yo dejé pendiente. Estuve con él acompañándolo, consolando a su mujer Ethel, a sus hijos y a todos nuestros familiares. Los dos nos unimos y pensamos en nuestro hermano Ted; él era nuestra última esperanza. Queríamos que tuviese apoyo de nuestros padres para que se presentara a la candidatura, pero todo el mundo le desanimaba. En parte lo entendíamos, pero alguien tenía que salir ahí y decir toda la verdad. Nosotros seguíamos animándolo aunque él no nos escuchara, pero le mandábamos señales y él las sentía, hasta que pasó el accidente de Mary Jo y, posteriormente, la partida de nuestro padre Joseph. Ayudamos a Mary Jo a ir a la luz inmediatamente. Ahí vimos todas nuestras ilusiones perdidas. Cuando nuestro padre desencarnó, fuimos a buscarlo y él tenía las mismas preguntas, pero se nos apareció una médium que nos explicó absolutamente todo y nos hizo entender muchas cosas que ya no podíamos hacer, y ahí decidimos que ya teníamos que marchar y dejar que cada uno de nuestros familiares hicieran sus vidas.

»Cuando cruzamos, ahí estaban los abuelos esperándonos, nuestro hermano Joseph, nuestra hermana Kathleen y muchísimos más familiares y antepasados nuestros que no conocimos. Ahora estamos en paz. Trabajamos mano a mano. Hace poco llegó aquí nuestra hermana Jean y ahora estamos el equipo completo. Aunque nos faltan todavía más familiares que irán llegando muy pronto, os estamos ayudando en estos momentos con la pandemia que estáis viviendo; tiene un propósito y un porqué muy bonito. No os preocupéis, nosotros estamos ahí con vosotros también trabajando mano a mano.

Me da las gracias por todo y se despide de mí.

John Fitzgerald Kennedy Jr. (Washington D. C., 25 de noviembre de 1960-océano Atlántico, frente a la costa de Martha's Vineyard, 16 de julio de 1999) fue un abogado, periodista y editor estadounidense, hijo del presidente estadounidense John F. Kennedy y su esposa Jacqueline.

Partió a los treinta y ocho años en un accidente aéreo acaecido el 16 de julio de 1999, en el cual también partieron su mujer y su cuñada Lauren. Hoy, 25 de noviembre de 2020, siendo el cumpleaños de John F. Kennedy Jr., me dispongo a canalizarlo a él y a su mujer Caroline Bessette.

Me comentan que aquel día 16 de julio se estaban preparando para ir a la boda de su prima Rory. Lo tenían todo listo; también venía su cuñada, la hermana de Caroline. Me comenta John que sintió que algo fallaba en el avión, pero que no le dio importancia porque tenían mucha prisa por llegar a la boda de su prima. Al subir al avión todo parecía tranquilo y no había problema de ningún tipo. Me comenta que se dijeron muchas cosas que ellos escucharon después que no eran ciertas, como que estaba incapacitado para coger aquel día ese avión. Me asegura que si lo hubiese estado, jamás hubiese pilotado ese avión y me dice que ya tenía mucha experiencia. Me explican que cuando cogieron el avión no era de noche, sino que estaban a plena luz del día —nunca pilotaba de noche—; estaba listo para pilotar. Se han dicho muchas falsedades, me comenta. Me confiesa que quería postularse a presidente de Estados Unidos, pues tenía pendiente continuar con lo que su padre dejó incompleto, se lo debía a él y a su tío Bobby. También quería investigar sus asesinatos y pretendía exhumar el cadáver de su padre. Pero algo pasó que lo quitaron del camino para que no lo hiciese. También me dice que no iba desorientado. No recuerda mucho lo que pasó, solo recuerda los gritos desesperados de su mujer y su cuñada, y el miedo que tenía dentro de él. Hubo un momento en el que ya no sintió nada y me comentaba que escuchó como una explosión, pero me dice que no sufrió, ninguno de ellos sintió nada. Me cuenta que se vieron en una isla los tres, pensando que se habían salvado, incluso se pensaron que fue una pesadilla. Confiaron en que alguien los socorrería, pero no encontraron a nadie que los socorriera. Estuvieron allí deambulando durante mucho tiempo y recuerda como había muchos helicópteros y vio los escombros del avión. De repente vio a su tío Ted y a su hermana Caroline en uno de los barcos e inmediatamente, no sabe cómo, pudieron ir hacia ellos. Les hablaban, pero prácticamente no les escuchaban. No entendían por qué su hermana Caroline y algunos de sus primos iban vestidos de negro; se pensaron que algún miembro de la familia había partido. John pensó que era una de sus tías o, incluso, supuso que en la boda de su prima había pasado otra tragedia, pero cuando le notificaron a su hermana que habían encontrado los tres cadáveres y dieron los nombres, ahí a John se le vinieron las imágenes de todo el accidente y se dio cuenta de que no había partido ninguna tía suya ni había ocurrido ninguna tragedia en la boda de su prima, sino que la tragedia que había ocurrido era su propia partida y la de su mujer y su cuñada.

No sabía cómo decirles que ya no se encontraban aquí. En ese momento se sintió frustrado, hundido. Lloró muy fuertemente y clamó al cielo culpando a Dios porque había dejado que le pasara esto, con tantos planes que tenía por delante. No sabía cómo explicárselo a su mujer y a su cuñada, pero no le quedó otra que hacerlo. Todos lloraron, los tres seguían sin creerlo e incluso se negaban a aceptar esto. Me comentan que no estuvieron de acuerdo con la familia en que no investigaran las causas del accidente y que lo aceptaran así tal cual. Tampoco estuvieron de acuerdo en que incinerarán sus cuerpos, querían ser enterrados en el panteón familiar de los Kennedy al lado de su primo Michael Kennedy, al que me comentan que sí pudieron ver pasado un tiempo porque aún seguía aquí y no había terminado el tránsito. Lo encontraron solo, le preguntaron si había visto a su hermano David Kennedy o a algunos de sus padres, porque no entendían los tres que, si ya habían partido, por qué no veían a sus demás familiares. Él les explicó que tampoco los vio y no entendía por qué, que durante todo ese tiempo había estado solo, que le alivió verlos y que le pudieran escuchar, porque pasó mucho tiempo sin poder comunicarse con absolutamente nadie. Querían que alguien los ayudara, querían transmitir a sus familiares auxilio; lo hicieron a través de los sueños, pero me dicen que hicieron caso omiso. De repente me dicen que empezaron a escuchar unas voces los cuatro. John sabía de quiénes eran esas voces, pues escuchó la de su padre —se emocionó muchísimo porque apenas la recordaba—, también escuchó la de su madre, la de su abuela Rose y la de varios familiares y conocidos. Caroline y su hermana Lauren escucharon la voz de su abuela materna. Michael empezó a escuchar la voz de su padre Bobby, la de su hermano David y la del abuelo Joseph. Todos les animaban a que cruzaran la luz. Cuando entraron en ella, fue muy emocionante, ya que había muchas personas allí esperándolos, antepasados. John me comenta que conoció a los dos hermanos que perdió cuando eran bebés, que los vio de adultos. Sus padres estaban allí también para recibirlo, muchos seres de luz. Me dicen que el mundo espiritual es un lugar imposible de explicar con palabras terrestres de lo hermoso que es y lo que se siente. Fue muy hermoso y espectacular.

Les pregunto a qué se dedican allí. Me dicen que Caroline y su hermana Lauren se dedican a cuidar y guiar a los niños junto con su bisabuela; John me dice que se dedica, junto con su hermano Patrick y su padre, a dar clases de estudio a varios adolescentes. Me dice que hay cosas que no me puede decir porque no se lo tienen permitido, pero que allí todos juntos forman un buen equipo y que algún día volverán muchos de ellos a reencarnarse a la Tierra, porque le quedaron aún muchas cosas por cumplir. Los percibo, a la familia Kennedy, en un plano muy alto.

Me da las gracias, me mandan muchas bendiciones todos y me agradecen el poder plasmar cómo fueron los momentos en que desencarnaron en un libro.

3. Tránsito de Grace Kelly

Grace Patricia Kelly (Filadelfia, Estados Unidos, 12 de noviembre de 1929-La Colle, Mónaco, 14 de septiembre de 1982) fue una actriz de cine estadounidense ganadora de un premio Óscar y posteriormente princesa consorte de Mónaco por su matrimonio con el príncipe Raniero III.

Fue víctima de un accidente cuando regresaba en su coche al palacio de Montecarlo acompañada de su hija Estefanía desde su residencia veraniega en Roc Ángel. Pasadas las diez de la noche del siguiente día, se conoció la terrible noticia: la esposa del príncipe Raniero expiraba en la clínica a la que había sido trasladada su alteza serenísima, como era llamada, a causa de una hemorragia cerebral y vascular. Hoy me dispongo a canalizarla y que me transmita cómo fue su proceso de tránsito.

—El día 13 de septiembre mi hija Estefanía y yo íbamos de regreso a casa. Se habló de que era mi hija quien conducía: es falso, la que iba conduciendo en el coche era yo; jamás hubiese permitido que mi hija condujera. De repente, vimos que algo no iba bien en los frenos. Yo me di cuenta de que el coche estaba fallando. De pronto vimos a alguien extraño en una moto que nos estaba siguiendo y yo le pedí ayuda. Mi hija iba aterrorizada. Le pedí auxilio a ese hombre, que era un espía de la agencia secreta; me di cuenta inmediatamente. No nos auxilió, al contrario, sabía que venía a ver si la misión había sido cumplida. Yo temía por mi vida, por haber entrado en asuntos externos que no me correspondían, pero no le comenté esto a nadie, me lo callé. Yo intentaba frenar el coche, pero habían amortiguado los frenos y no me di cuenta. Solo recuerdo en ese momento el grito de terror de mi hija y el mío. Nos salimos de la carretera y apenas recordé nada. Es falso totalmente que yo estuviese discutiendo con mi hija, íbamos bien ese día. Solo recuerdo estar malherida con dolores terribles y pedirle a mi hija que buscara ayuda y ahí perdí el conocimiento. Solo recuerdo que me vi fuera del coche, veía cómo estaban ocultando pruebas y deshaciéndose de cosas del accidente. Estaban tapando cosas y yo les gritaba muy furiosa y les preguntaba qué estaban haciendo. Vi cómo me sacaban del coche y me trasladaban al hospital.

»Estuve al lado de mi esposo Raniero, Alberto y Carolina. No quería que desconectaran la máquina que aún me mantenía con vida, porque tenía esperanzas de volver. Me negaba a irme. Yo les decía muchas veces «No», les gritaba «Estoy aquí», pero no me escuchaban. A través de una enfermera que era muy sensitiva —yo lo percibía— les hice saber que estaba allí, pero no me escuchó y eso aumentó más mi rabia. Cuando desconectaron la máquina estaba desolada, tenía muchos planes por delante, mucha vida, y me enfadé con Dios por haberme hecho esto. No lo merecía (en ese momento no era consciente de lo que decía, pero dejé que mi ego saliera).

»Después llegó mi funeral. Ahí vi a muchos representantes acudir a mi entierro, entre ellos la princesa Diana. La conocí un año antes y la vi tan tímida, tan dulce y tan inocente que le advertí del mundo en donde se metía, para que se lo pensase mucho, pero me dijo que seguía su corazón y estaba enamorada de Charles. Algo intuí y supe que ella sería la siguiente en ser asesinada, que acabaría de la misma manera que acabé yo (las casualidades no existen). Y, efectivamente, años después tuvo el mismo trágico final que tuve yo. Fuimos asesinadas por la misma agencia de servicio secreto. Siempre supe que su matrimonio estaba destinado al fracaso. Ahora, aquí en el plano espiritual, nos encontramos juntas y en la misma frecuencia. Hemos compartido otras vidas juntas y hemos hablado mucho de volver a reencarnarnos en la Tierra juntas. Ella no quiere volver, pero yo sí. Algún día lo haré.

»Volviendo al tema, cuando observé a muchos de esos representantes en mi funeral, vi a muchos e intuí quiénes participaron en mi asesinato.

»El ver a mi esposo roto de dolor me rompió a mí y a mis hijos. Me la pasé en mi funeral y a la vez estaba con Estefanía en el hospital. Estaba traumada y yo la consolaba, la abrazaba, aunque no me escuchara, pero yo sentí cómo ella sentía mi calor. Me pasé deambulando muchos años por el palacio de Mónaco. No podía irme, me negaba a hacerlo. Escuchaba a mi padre, que desencarnó años antes, diciéndome que fuese a la luz, pero no podía dejar a mi esposo y a mis hijos, debía quedarme con ellos. Además, mi hija Carolina había tenido hijos y ese era otro motivo para no irme, quería estar con mis nietos, ver cómo crecían, aunque ellos no me pudieran ver ni oír. Tenía muchas ganas de ser abuela y quería ejercer ese papel. Me pasaba ratos jugando con mi nieto Stefano (Pierre) y Andrea. Ellos me vieron una vez y enseguida supieron que yo era la abuela; ya no volvieron a verme más, eran muy pequeños.

»Me encantó que mi hija se casase con Stefano Casiraghi. Era el hombre ideal para ella, no tuve el gusto de conocerlo mucho, pero me encantó la idea del matrimonio. Estuve con ellos allí y tuvieron mi bendición. Años después a la partida de Stefano, yo lo ayudé a ir a la luz y que tuviese un tránsito rápido. Lo entendía, pues había partido en una manera trágica al igual que yo y no quería que pasara por lo que pasé. Me costó convencerlo, pero lo conseguí. Lo veo de vez en cuando; está en otro plano diferente al mío, pero lo veo con mucha frecuencia.

»Llegó el momento de la partida de mi hermano John. Inmediatamente me vio y se sorprendió: ¿qué hacía yo ahí?, no sabía que había partido. Yo le expliqué todo y al principio se quedó en *shock*, pues no lo entendía. Ahí la voz de nuestro padre sonó con mucha fuerza pidiéndonos ir a la luz, pero no podíamos hacerlo. Ahora quien retenía a mi hermano era mi madre y yo no quería dejar solo a mi hermano, así que no podíamos ir hacia el otro lado; tal y como estaba nuestra madre, debíamos quedarnos a su lado. Seguimos al lado de ella y de todos. Pero en el momento en que nuestra madre partió y nos reencontramos con ella, nos dijo que en cuanto mi hermana Margaret —que estaba a punto de desencarnar— se fuese, ella iría al otro lado. Mi hermano también tomó la decisión de ir con mi madre al otro lado cuando mi hermana ya desencarnara. Pero yo no podía, me constaba muchísimo dejar a mi esposo, a mis hijos y nietos. No podía despegarme de ellos, los amaba por encima de todo.

»Cuando Stefano, el esposo de mi hija Carolina, desencarnó, me animó a que ya era hora de que fuese a la luz, que ya no podía seguir aquí, pero yo en mi ego me negaba a aceptarlo y no podía dejarlos. Aunque en el fondo no quería quedarme aquí sola y que mi madre y mis hermanos se fuesen. No quería que mi hermana se fuese. Pero llegó el día en que mi hermana Margaret murió. Mi madre y mis hermanos iban a cruzar, lo tenían muy decidido.

La voz de papá volvió a sonar. Me costó muchísimo, pero acepté que ya era hora de partir e ir con ellos.

»Fui a despedirme de mi esposo y mis hijos. Sabía que iban a estar bien y que algún día los volvería a ver. Cruzamos mi madre, mis hermanos y yo cogidos de las manos. Al pasar el umbral, ahí estaba papá para recibirnos con los brazos abiertos. Fue un encuentro lleno de mucho amor y paz. Inmediatamente se me cambiaron todas las ideas, experimenté algo dentro de mí que jamás había experimentado. Estaban también mis abuelos allí esperándome, grandes amigos y amigas míos. Hubo muchas personas y una gran música sonó en ese momento. Fue hermoso el abrazo que sentí de la virgen María y del maestro Jesús, me emocioné muchísimo al estar ante él. Para mí era un placer y él me contestó: «Soy igual que tu querida hermana». Fue muy hermoso todo.

»Aquí soy muy feliz, hago grandes trabajos con mi familia. Uno de ellos es cuidar a los animales, que es algo que me gusta y disfruto mucho. Y hasta aquí puedo contar. Muchas gracias por todo, ha sido un placer contactar contigo. He disfrutado mucho contándote todo esto y te deseo mucho éxito en el libro. Gracias.

4. Tránsito de Marilyn Monroe

Norma Jeane Baker, nacida como Norma Jeane Mortenson (Los Ángeles, California, 1 de junio de 1926-ib., 4 de agosto de 1962), más conocida como Marilyn Monroe, fue una actriz de cine, modelo y cantante estadounidense, una de las más populares del siglo XX, considerada como un símbolo sexual y un icono pop.

Partió el 4 de agosto de 1962 a causa de una sobredosis de barbitúricos, en circunstancias nunca esclarecidas. Hoy me dispongo a canalizarla para ver todo lo que me transmite y los misterios que rodean su partida.

Marilyn me dice que aquel día 4 de agosto estaba en su casa de Los Ángeles tranquilamente, con su ama de llaves y el chofer. Me desmiente categóricamente que cometiera suicidio, nunca tomó barbitúricos, se los pusieron allí en su habitación. Me cuenta que se dijeron muchas falsedades en las noticias respecto a su partida, y también me desmiente que Robert Kennedy, hermano del presidente John F. Kennedy, estuviese aquel día en su casa. Fueron mentiras que contaron tanto su ama de llaves como el chofer. Era muy buena amiga de los dos hermanos y sentía mucha simpatía por ellos. No estuvieron involucrados en su asesinato, porque me recalca que fue asesinada por fuerzas oscuras de muy alto poder. Me comenta que ese día estaba sola en casa, había estado hablando con su exmarido Joe DiMaggio y el hijo de él, y también con otro amigo por teléfono. Se echó una siesta en el sofá por la tarde. Me confirma que tenía problemas con el alcohol y otras adicciones, pero no tanto como se dijo en las noticias, porque ya no la llamaban para tantas películas como antes y pasaba por un declive profesional.

Me dice que al despertar de la siesta por la tarde vio que no había nadie en la casa. Llamó a su ama de llaves, Eunice Murray, pero vio que no se encontraba en la casa, ni tampoco el chofer. Era ya como las seis de la tarde y no sabía qué hacer. Tenía hambre, así que entró a la cocina y me dice que tenía pensado prepararse algo de comida, pero de repente alguien pegó a la puerta y acudió a abrir para ver quién era. Se trataba de dos hombres con gabardina, gafas oscuras y sombrero.

—Los conocía perfectamente, venían a comprar mi silencio. Sabía muchos secretos de muchos mafiosos con los que tuve relación y querían ofrecerme algo a cambio de mi silencio. No iba a contarle nada a nadie, pero lo que me ofrecieron no me gustó nada, me parecía muy vulgar, así que cuando les dije que no, me forcejearon y luché con ellos, pero podían más que yo. De repente entraron dos hombres a la casa —a uno de ellos lo conocía perfectamente, pues había sido mi compañero de rodaje— y me cogieron entre los cuatro. Uno de ellos me inyectó algo por la espalda y ahí perdí el conocimiento totalmente. De repente, me vi en la cama tumbada semidesnuda. No entendía lo que estaba pasando, vi a esos dos hombres en mi casa buscando un diario en el que yo apuntaba todos los encuentros que tenía y muchos de mis secretos. Lo tenía en un sitio muy bien guardado, pero no pararon de buscar hasta que lo encontraron. Vi cómo dos señoras limpiaban mi habitación y lo dejaban todo ordenado, contratadas por ellos, y preparando todo el montaje del suicidio.

»Cuando todos se fueron de la casa, ya anochecía. Yo a esa hora nunca solía acostarme, lo hacía bien tarde. Estaba aterrada, asustada, así que me decidí a llamar a mi amiga Patricia y a Peter Lawford, pero no entendía qué pasaba que no tenía acceso al teléfono. Me sentía muy aturdida, como si estuviese perdida. Quería que alguien me explicara qué pasaba. Me pasé sentada un buen rato como asustada. Ya casi de madrugada, oí cómo Eunice, mi ama de llaves, entraba a la casa. Para mí fue un alivio, pero no me oía ni me escuchaba y, cuando la vi entrar a mi cuarto y la vi aterrada, le pregunté qué pasaba, pero no me contestaba. La vi llamar al FBI, vi a tantas personas entrar por mi casa que quería que alguien me explicara qué estaba sucediendo. Nadie me entendía, me trataban como si no estuviese. Estaba como desorientada, así que desconecté de todo y cuando todo ya se calmara, pensaba que ya me harían caso, pero no fue así.

»A la mañana siguiente, a las claras del día aún seguían en mi casa. Quería saber qué estaba sucediendo, así que fui a preguntar a los vecinos de alrededor, pero lo mismo, nadie me escuchaba. Era todo tan horrible que parecía estar en una pesadilla de la que quería despertar.

»Estuve en mi entierro. Yo no entendía nada, le hablaba a mi hermana, a Joe y a varios de mis amigos, pero no me comprendían ni me decían nada. Me sorprendió mucho ver en mi funeral a invitados que me dejaron abandonada y no se preocuparon por mí lo más mínimo cuando los necesité. Vi a alguien que particularmente me llamó la atención e inmediatamente lo reconocí. Era uno de mis asesinos. Le reproché el que entrara en mi casa y me hiciera todo lo que me hizo, pero era tarde cuando ya me di cuenta y escuché mi nombre cuando una persona me llamó «fallecida». No entendía por qué me estaba llamando así si estaba muy viva y me sentía genial. Nunca creí que hubiese vida después de la mal llamada muerte. Cuando dijeron «Marilyn está muerta», lo oí y me lo tomé a risa. Después de eso me fui a una cafetería, donde vi a un camarero con la televisión encendida y estaba saliendo yo; no me explicaba por qué, si últimamente no había sido tanto noticia. Le pedí que viniese a la mesa a tomarme nota, pero no me hizo ni el más mínimo caso. Ahí me enfadé, me preguntaba dentro de mí cómo podía ignorarme siendo tan conocida y famosa, sobre todo en Los Ángeles.

»Pasaron varios días. Yo seguí haciendo mi vida normal en mi casa y acudía a casa de mi hermana y de Joe, aunque sí me sentía extraña. Hasta que llegó un punto en el que pasaron varios años que para mí habían sido segundos, en los que veía a mi entorno más cambiado, de otra manera. También me pregunté por qué no me venía trabajo, hasta que me di cuenta de la realidad. Hice por llamar la atención muchas veces y cuando escuché de alguien «Marilyn murió», ahí empecé a creérmelo y a entender que ya no estaba. Pero a la vez no entendía nada, ¿cómo iba a estar muerta si me seguía viendo viva? Fue un caos para mí. Me derrumbé por completo, me volví muy negativa, nadie me entendía. Todo era oscuro a mi alrededor y así lo siguió siendo por muchos años. Tampoco entendía, si estaba realmente muerta, por qué no veía ni a mis tías ni a mi abuela. Era todo muy raro, me sentía muy confusa. Llevé una vida de desenfreno y por eso quizás me pensé que estaba condenada a estar en la Tierra y no ir al Cielo. Ahí empecé a creer en Dios más y a pedirle ayuda. Hasta que se abrió una luz en la que veía la habitación de mi madre, que estaba a punto de desencarnar. Hacía mucho que no la había visitado en la institución. En el momento de dejar el cuerpo, yo estuve ahí esperándola. Cuando me vio, inmediatamente me reconoció y me dijo: «Cuánto tiempo sin verte». Me pregunté por qué no la había visitado; no sabía qué decirle. Mi madre estuvo un tiempo conmigo, así que ya no me sentía sola, pero para mí era muy pesado estar con ella. Cuando de repente una luz se abrió muy brillante y reluciente, pensé que era el Cielo abriéndose para ella, pues yo no me consideraba merecedora de ese Cielo, así que animé a mi madre y le dije que fuese. A pesar de todo se lo merecía, había sufrido mucho y consideraba que ya era su momento de partir, así que la llevé hacia esa luz y se fue feliz y tranquila.

»Pasaron varios años que para mí solo eran segundos. Seguía aquí, hasta que me llegó que Joe estaba mal, estaba enfermo. Fue el amor de mi vida, a pesar de que me trató muy mal en nuestro matrimonio, pero después de estar separados, se comportó muy bien conmigo, seguimos manteniendo el contacto telefónico y muchas veces nos veíamos. Lo amé siempre a pesar de que me volví a casar, pero después de Joe no amé a otro hombre como a él. Cuando estuvo a punto de desencarnar y dijo «al fin la veré», yo estuve ahí; le estaba esperando con un ramo de flores de color tulipanes. Al fin iba a tener al amor de mi vida a mi lado. Lo recibí con un gran abrazo y le dije: «Al fin no estaré sola, estaremos acompañados eternamente». Ya no sentía rabia o enojo porque estando acompañada por él, ya todo me sobraba.

»Hasta que apareció el médium Chico Xavier, que nos hizo entender a mí y a Joe dónde estábamos verdaderamente. Cuando nos dijo que no teníamos que estar ahí y que sí éramos merecedores de toda la abundancia y lo bueno del universo, nos animó a ir hacia la luz. Para entonces, Joe Jr., hijo de mi esposo, se encontraba ya con nosotros, así que los tres unidos de las manos decidimos cruzar. Lo que sentimos al cruzar el umbral fue algo sorprendente, era como si nos bañásemos en una ducha de amor. Toda aquella negatividad que sentí durante todo ese tiempo se había ido. Ahí estaban para recibirnos mi abuela, mi madre, mis dos tías, muchas almas con las que compartí esta reencarnación y ahí estaba Jesús, no me lo podía creer. Cuando sentí su abrazo fue algo hermoso y maravilloso, sentí tanto amor que con razón dicen que fue el ser más sabio que estuvo en este planeta.

»Ahora aquí soy muy feliz. Tuve una vida de muchos aprendizajes y muchas pruebas, pero todo valió la pena para lo que ahora vivo. Ahora me dedico a guiar a las almas hacia este hermoso lugar que tanto negué en mi proceso de tránsito y sigo aprendiendo y estudiando, porque aquí seguimos aprendiendo y dando clase, ya no como en la Tierra, pues todo es muy diferente.

»Joe y yo queremos volver a reencarnarnos, pero esta vez lo haremos en otro planeta más alto que la Tierra. Somos llamas gemelas y queremos volver a reencarnarnos juntos para seguir aprendiendo y nutriendo nuestra alma de amor, y así lo haremos cuando ya estemos listos.

5. Tránsito de Michael Jackson

Michael Joseph Jackson (Gary, Indiana, 29 de agosto de 1958-Los Ángeles, California, 25 de junio de 2009) fue un cantante, compositor, productor discográfico, bailarín, actor y filántropo estadounidense. Es conocido como el «rey del pop».

Michael Jackson partió de intoxicación aguda de propofol y benzodiazepina el 25 de junio de 2009, después de sufrir un paro cardíaco. Me dispongo a canalizarlo y saber qué es lo que me va a transmitir.

Michael me cuenta que en la mañana del 25 de junio de 2009, él se encontraba bien. Me dice que él no tuvo problemas para dormir, tal y como se ha dicho; eso es totalmente falso. Durmió perfectamente por la noche y nunca le pidió a su doctor, Conrad Murray, que le administrase ninguna dosis. Él acostumbraba a levantarse bien tarde, como me dice, y me cuenta que de repente sintió cómo alguien entró en su habitación. Pensó que era su personal de servicio, pero le pareció extraño porque eran unos pasos que nunca antes había escuchado, aunque no le dio importancia. De repente, sintió como un pinchazo y al abrir los ojos quería saber quién era. Me dijo que vio a un hombre de piel oscura, con sombrero y con gafas de sol, pero no le dio tiempo a ver más nada porque rápidamente se quedó dormido y perdió el conocimiento. De repente se vio fuera del cuerpo, que estaba en la cama boca abajo, y vio a un par de enfermeros, una camilla y se preguntó qué estaba pasando. Él se pensaba que era un sueño realmente e incluso se le pasó por la mente que estaba haciendo un viaje astral, por eso no le dio importancia. Pero cuando vio la cara de terror de sus hijos, ya no le gustaba nada el sueño y quería despertar, mas no lo conseguía. Veía que lo estaban reanimando en la cama y él solo decía que quería despertar del sueño, pero no lo conseguía. Ahí se pensó que estaba fuera de su cuerpo, como si tuviese una ECM. Pedía volver a su cuerpo, le rogaba a Dios volver, pero no lo conseguía. No quería irse, tenía miedo de dejar a sus hijos; apenas estaba empezando a vivir con ellos. Ya que después del concierto de Londres tenía pensado retirarse de los escenarios para estar junto a sus tres hijos, le clamó a Dios y a todo el universo que por favor no permitieran que se fuese. Sabía perfectamente de dónde venía la orden para que lo asesinasen.

Cuando se lo llevaron al hospital, él, furioso y desesperado por revivir, supo perfectamente que ya nada se podía hacer, había transitado y se sintió furioso, muy furioso. Llorando pegaba patadas contra las paredes, se sentía muy mal, no le parecía justo irse ahora que tenía pensando estar alejado de la música, vivir una nueva vida y estar con sus hijos y alejado de los *paparazzis* y de todos aquellos que lo acusaron injustamente de los cargos por pederastia; no lo podía creer. Cuando veía la cara de sus tres hijos, sobre todo de Paris, se le revolvía el corazón. Él les decía: «Papá está aquí, no se ha ido», pero cuanto más lo decía sin que le escucharan, más aumentaba su rabia por que sus hijos no lo pudiesen ver.

Estuvo presente en su funeral. Vio los millones de cartas, ramos y condolencias que le hicieron sus *fans*. Se rompió en pedazos porque, con tanto desprecio que hubo hacía el por los cargos de pederastia, no se esperaba que tantas personas del mundo lo elogiaran de esa manera. Se quedó anonadado. Al estar presente en su funeral, no paró de llorar todo el rato, sobre todo con las palabras de su hija, ahí se rompió en mil pedazos. Le preocupaba Paris, cómo iba a estar después de su partida. Juró que no se iba a ir, que seguiría con sus tres hijos siempre.

Estaba prácticamente todo el día con ellos, era lo único que le preocupaba, ya lo demás le daba igual. Sintió una gran carga liviana porque ya no tenía tantos compromisos y podía tener todo el tiempo del mundo para sus hijos, pero eso no quitaba la rabia y la impotencia que seguía sintiendo por haber transitado; no terminaba de aceptarlo del todo. Quería que se supiese la verdad y a través de sus hermanos quería que pidiesen justicia por él para que se aclarara toda la verdad, aunque prácticamente sabía que era imposible que saliese la verdad a la luz. Recordó el asesinato de su amiga, la princesa Diana, que seguía sin resolverse, y se dijo que con tanto poder que tenía Diana, si no se había resuelto su supuesto accidente, menos aún se iba a resolver su asesinato, aunque mantenía un hilo de esperanza.

Llegó el momento del juicio contra el doctor Conrad Murray. Él sabía que era un simple cabeza de turco. Estuvo presente en ese juicio y escuchó cada uno de los testimonios que se dijeron. Me dice que no había escuchado tantas falsedades en su vida y sobre todo de su persona; nada de lo que se dijo en el juicio era totalmente cierto. Cuando condenaron a ese hombre a cárcel, sintió una tremenda pena; era un buen hombre y no se merecía eso. Ahí sintió una gran decepción con algunas de las personas a las que consideraba amigos y vio cómo le decepcionaron y se posicionaron detrás de otras personas para salvarse y así traicionar su nombre, aunque tampoco se sorprendió, ya se lo esperaba todo. Después de ello ya se sentía cansado y asqueado de todo, no podía con la situación, pero tenía que seguir adelante aquí y por sus hijos, que eran lo único que le importaba. Hasta que de repente sintió una voz que le era muy peculiar, la de su cuñada. Después sintió la de su abuela. Lo llamaban para que fuese, pero él seguía queriendo estar aquí y de repente sintió la voz de su querido amigo David, que lo llamaba. Ahí sintió la necesidad de ir, pero, por otra parte, quería seguir estando aquí por sus hijos, aunque entendió que si su abuela lo llamaba y lo veía, él podría seguir viendo a sus hijos, así que confió y siguió la voz de su querido amigo David.

Ahí estaba un montón de almas esperándolo. Quien primero lo recibió con un abrazo fue su amigo David, después sus abuelos, mucha familia, un montón de colegas que tuvo aquí terrenalmente y hasta conoció a un hermano que no nació antes que él. No podía describir con palabras cómo es ese hermoso lugar. Ahí ya empezó a recordar todo y a darse cuenta de la verdad, a entender su verdadera esencia y de dónde venía. Se preguntaba cómo había podido ser tan egoísta de no haber venido aquí antes y haber estado todo ese tiempo apegado al plano material, pero allí los seres de luz le dijeron que nada de eso importaba. Me dice que allí donde está es uno de los planos que hay más elevados. Sigue cantando y hace muchas labores por uno de los planetas vecinos junto a Diana y la madre Teresa. Ahora me dice que se encuentra con su padre también y ya aquí no es el padre que fue en la Tierra, todo lo contrario, aquí son muy inseparables y están esperando a que llegue más familia. Estarán para recibirles con todo el amor del mundo.

Se despide de mí con una gran canción que me encanta de él, me da las gracias y me transmite para sus *fans* que sigan bailando y cantando su música, y que no dejen apagar su esencia, que está siempre en cada uno de los corazones de las personas que lo aman y lo seguirán amando.

6. Tránsito del papa Juan Pablo II

Karol Józef, más conocido como Juan Pablo II, nació el 18 de mayo de 1920 en Wadowice, un pueblo de Polonia cercano a Cracovia.

Hoy me dispongo a canalizarlo, saber cómo fue su proceso de transición y qué nos quiere comentar.

—Me presento. Fui el papa de Roma por más de veinte años. Fui querido y admirado por muchísimos. Sin duda alguna, pude cumplir mi misión de vida en este planeta, pues estoy muy feliz donde estoy y el amor impregna todo mi ser. En el fondo de mi yo siempre supe que nada de lo que estaba escrito en los libros sagrados era cierto. Mi intuición me decía muchas cosas, pero yo nunca o casi nunca le hice caso, aunque me pasó lo mismo que a la madre Teresa de Calcuta. Sin saberlo, pude cumplir mi misión de vida, mi rol de trabajador de la luz, como lo fueron la madre Teresa, la princesa Diana u otras personalidades más. Todo tiene un porqué y un para qué, y a veces lo que nosotros llamamos errores no son más que éxitos para enriquecernos no solo a nivel álmico y espiritual, sino a nivel del personaje que estamos interpretando en la Tierra. Fui honrado pero me dejé llevar mucho por las masas ocultas. Hice lo que pude y di todo el amor, no solo como el papa Juan Pablo II en esa vida, sino en muchas otras. Aún me quedaba un poco por aprender, así que me reencarné en un nuevo cuerpo, aunque por corto período de tiempo, porque me faltaba algo por completar en el amor incondicional que era tener el amor y respaldo de una madre, cosa que en otra vida no tuve y era lo único que me faltaba por cumplir. Estuve por poco tiempo y conseguí mi propósito, reencarnarme en niño y volver de nuevo al hogar. Muchas veces, los niños parten pequeños porque estaban en su última reencarnación y tenían que bajar a la Tierra a cumplir un último propósito o también ir a otros planetas vecinos.

»He sentido aquí el abrazo de mi amado y querido Jesús. Él aquí es el amigo de todos, junto con la que fue su esposa en esa encarnación, María Magdalena. No quiere que se le haga altares con crucifijos, ni que se le rinda culto con imágenes. Lo mejor que podéis hacer por Jesús es amaros los unos a los otros, como él os ama. Él se considera un ser como nosotros, tanto Jesús como los maestros ascendidos. Aquí no hay separación, todo es una unidad, no existen ni los matrimonios ni las relaciones maternofiliales. Eso es algo que el alma escoge en el planeta que va a encarnar porque se necesita la separación para evolucionar más rápido, si no la evolución sería más lenta. Por eso os reencarnáis en la Tierra, porque aquí vuestra evolución sería muy lentamente y es necesario la separación por un periodo de tiempo. Aquí no hay espacio ni tiempo lineal, y es cuestión de segundos el que volváis, para nosotros; para vosotros, no, porque estáis dentro del tiempo lineal.

»Os vemos muchísimo más de lo que pensáis, aunque aquí trabajamos y hacemos muchísimas cosas, solo que no es igual a como lo hacíamos en la Tierra, ya que aquí no tenemos un cuerpo físico, sino un cuerpo etéreo pero de otra manera y nos es más liviano el hacer las cosas. Nunca nos cansamos, porque el cansancio, el agotamiento y la enfermedad solo se sienten cuando se está en un cuerpo físico, y cuando uno se desprende de él es como si te liberaras de un saco de piedras (se ríe).

»Sé que la Iglesia católica me canonizó. Yo jamás lo hubiera querido, pues no quiero que me recen o que me hagan altares. Al igual que Jesús, yo soy un ser más como todos, y siempre lo intenté ser en esa vida como papa. Es un mensaje conciso que quiero dar a todo el mundo: yo siempre estoy ahí para ayudar y acudir a donde se me necesite, como ser de luz que soy. Estoy en ofrecimiento a mis hermanos encarnados, pero no me hagáis altares, ni estampas. Sé que lo hacéis con mucho amor por mí, y yo os lo agradezco, pero nada de eso ya lo necesito, ni ninguno de los maestros, porque ya nos elevamos incondicionalmente. Tampoco necesitamos velas; pidan con la luz interior que tenéis cada uno de vosotros en vuestra alma, esa es la llama verdadera que os ayuda, por eso debéis mantenerla siempre encendida y más en esta época que estáis pasando con la pandemia. Nunca apaguéis la luz que resplandece por vuestro interior; junto con vuestra alma, es vuestra guía en vuestra encarnación. Yo, como energía que soy y que todos somos, siempre la mantuve encendida en todas mis experiencias de vidas. Tuve momentos bajos por las pruebas tan duras —a nivel terrenal—, pero nunca dejé que esa semilla resplandeciente para mí, y que todos tenemos, se apagara completamente. Os lo digo con amor de Juan Pablo para vosotros.

»Prefiero no hablar de los momentos malos de mi vida, ya eso para mí no tiene importancia alguna. Fueron pruebas y sé que eran necesarias para mi evolución y para estar donde estoy ahora. Tuve un tránsito bastante rápido; no era una persona que tuviese apegos a nada material ni a las riquezas del Vaticano. Aunque parezca lo contrario, me gusta el rumbo y el modo en el que el papa Francisco está llevando la ciudad vaticana. Sí son ciertas muchas de las cosas que se han contado: en el subsuelo del Vaticano se cuecen muchísimas cosas y no están siguiendo la palabra del padre. Presencié muchas cosas, pero a mí me mantenían alejado de todo, aunque yo en el fondo me enteraba y lo sabía. Debí haber sido valiente como lo fue Juan Pablo I, pero por miedo a acabar como él di un paso atrás. Por eso es importante no tener miedo, porque el miedo nos debilita. Debemos salir, ser fuertes y luchar, pero siempre con amor. El padre os anima a que lo hagáis. Y no temáis, que nada de lo que no esté escrito no pasará, en el universo está todo controlado.

Se despide de mí muy feliz con la imagen de cómo cuida a unos niños. Esa es una de sus labores aquí: cuidar también a los niños. Quiere enviaros toda su luz y amor, y desea que todo lo que él ha plasmado aquí sirva para que seáis auténticos guerreros de la luz y no dejéis que el miedo y el ego os domine. Nos bendice a todos nosotros como hermanos y con amor.

7. Tránsito de la madre Teresa

La madre Teresa de Calcuta, (Uskub, imperio otomano —actual Skopie, Macedonia del Norte—, 26 de agosto de 1910-Calcuta, India, 5 de septiembre de 1997) fue una monja católica de origen albanés naturalizada india, que fundó la congregación de las Misioneras de la Caridad en Calcuta en 1950. Durante más de cuarenta y cinco años atendió a pobres, enfermos, huérfanos y moribundos, al mismo tiempo que guiaba la expansión de su congregación, en un primer momento en la India y luego en otros países del mundo.

Hoy me dispongo a canalizarla y ver qué es lo que nos quiere comunicar.

—Me presento ante todos. Yo soy la amada madre Teresa de Calcuta. En esa encarnación, mi última sin saber que estaba cumpliendo mi rol de vida, siempre guiándome por el corazón, no sabía de dónde venía ni de dónde era realmente. Parte de mí estuvo dormida, pero era necesario para mi proceso evolutivo como Teresa, porque si no lo hubiese estado, no hubiera podido cumplir mi misión en esa vida como Teresa. Me dejé guiar por el corazón, que fue mi mejor brújula, porque ese es el sentido de nuestra alma. Al igual que nos fijamos en el reloj para ver la hora continuamente, debemos fijarnos también en nuestro corazón, en ver si estamos o no cumpliendo nuestra misión de vida, porque solamente oyéndonos el corazón lo sabemos. Él nunca nos miente ni engaña, de ahí sale toda la verdad, parte de la verdad del universo que llevas dentro de ti.

»Escuché que se dijeron en mi encarnación como Teresa muchas barbaridades sobre mí, pero yo no les prestaba ninguna atención y tampoco a ningún mandatario político. A pesar de que me abucheaban o criticaban a las espaldas, yo acudía a su presencia porque sabía que eran mis hermanos y debía amarlos y aportarles mi sabiduría, ya la captaran o no, porque actuaban así por pura ignorancia, por desconocimiento de lo que realmente eran. Muchos se identifican con su cuerpo físico o materia; está muy bien, pero también deben escuchar su interior porque su alma siempre los llama. Os invita a que os embarquéis en la aventura de averiguar o descubrir quiénes sois vosotros mismos y lo hace a través de lo que denominamos la intuición, esa que todos tenemos y que es la voz de nuestro corazón crístico y dorado. Todos la escuchamos, siempre está ahí para susurrarnos y hablarnos, solo que muy pocos la escuchan o le prestan atención. Está ahí como una alarma para avisarnos y que estemos preparados ante lo que nos pueda ocurrir. Yo os invito a que la escuchéis siempre, porque es un regalo sagrado con el que vinisteis todos y el padre universal os regaló, al igual que el libre albedrío. Hablo por todos los maestros, como maestra ascendida que soy. No quiere decir que sea más que nadie, porque todos somos una unidad universal y ante la autoridad suprema universal somos como todo el mundo, hijos de Dios, de la vida universal, del todo. Somos cada uno como una gota suprema del universo y nosotros también, el tribunal kármico, respetamos todas aquellas decisiones que elegís desde vuestro libre albedrío, porque eso para nosotros es muy valioso. El respeto, el cariño y la confianza son las tres cosas que más valoramos y son algo que cada uno debe tener dentro de sí mismo en su interior universal.

»No quiero que entre vosotros haya guerras de ningún tipo, por ver quién es mejor o peor en algo, porque estáis entrando en la provocación del ego, que siempre busca separar y que haya conflicto. El ego hay que amarlo, el que todos tenéis y elegisteis tener dentro de vosotros, porque es vuestro hermano y son necesarias todas las pruebas que os pone para vuestro crecimiento espiritual. Cada vez que lo acalláis y escucháis a vuestra alma, plantáis una semilla de abundancia, amor y riqueza espiritual en el universo que es vuestro propio universo; eso os recompensa mucho.

»No me quiero ir sin antes contaros que cuando yo decidí dejar de ser monja en el convento y seguir mi propio camino, también tuve miedo, angustia, rencor conmigo misma por lo que estaba haciendo y me dejé llevar por mi ego. Pero ahí fue cuando decidí escuchar a mi corazón y acallar el ego por siempre, aunque parecía que no, pero era así. Jamás busqué ningún reconocimiento, ni fotos, ni cámaras, pero mi corazón me llevaba a ello porque sabía que les estaba dando voz a los millones de desamparados, hermanos míos y vuestros, que había en todo el mundo y que así muchos corazones del planeta me escucharían. Eso era algo que compartía con la princesa Diana. Ella no salía en televisión por querer fama o *glamour*, sino porque sabía que con ello estaba dándole también su voz a millones de desamparados que hay en el mundo y que eligen, por su alma, ser pobres y llevar una vida deprimente, para que otros al brindarles su ayuda evolucionen y crezcan en amor. No sabéis cuánto estáis creciendo cada vez que ayudáis a alguien. No seáis tercos y dejad dormidos vuestros egos. Ofreced todo lo que tengáis a vuestros prójimos, porque son vosotros también y como están ellos hoy, un día lo estuvisteis vosotros también. Elegisteis padecer la pobreza en otras vidas anteriores para que ellos crecieran y os ayudaran. Es la ley de causa y efecto. Lo que siembras, recoges, y no hay nada más bonito que sembrar amor. El amor conduce a todos los caminos de luz y fuerza, es la fuerza más radiante y potente que hay en todos los confines del universo. La princesa Diana, al igual que yo, también fue una trabajadora de la luz que cumplió con su misión de vida sin saberlo. Sentíamos un amor inmenso la una por la otra y cuando nos conocimos sabíamos que ya habíamos estado juntas en otras vidas. Cuando ella transcendió, yo ya entendí en el fondo de mí que también me iría de este plano, porque sabía que tenía que seguir con ella cumpliendo nuestro trabajo juntas en otro lado, en el verdadero hogar de donde todos somos y adonde siempre regresa vuestro ser espiritual.

»Tuve un tránsito muy bonito y hermoso. Inmediatamente acudí a la luz que con fuerza me transmitía que debía ir, porque sabía que mi esencia pertenecía a este lugar. Me recibieron seres de luz maravillosos, ángeles, querubines, maestros. Tuve una bienvenida muy cálida y acogedora; como ya era mi última reencarnación, querían que tuviera un último recibimiento a lo alto y maravilloso. Más seres de luz están encarnando en la Tierra con mucho conocimiento y mucha información. Va a haber un cambio cuántico y cada día es uno menos para ello. Solo os pedimos que sigáis con los egos dormidos y creando pensamientos de amor, valentía y positividad en vuestra realidad, esa que tenéis en vuestro interior y que queréis proyectar en vuestro exterior. Es vuestra y nada ni nadie os la puede quitar, porque sois libres, así os hizo el padre celestial.

»Con amor y todo mi cariño, quiero que este mensaje quede plasmado ante todos para que pueda ayudar. Con amor, sor Teresa o la madre Teresa de Calcuta, vuestra madre y hermana.

8. Tránsito de Anne Frank

Annelies Marie Frank fue una niña alemana con ascendencia judía, mundialmente conocida gracias al *Diario de Anne Frank*, la edición de su diario íntimo, donde dejó constancia de los casi dos años y medio que pasó ocultándose, con su familia y cuatro personas más, de los nazis en Ámsterdam (Países Bajos) durante la Segunda Guerra Mundial.

Hoy me dispongo a canalizarla para ver lo que ella nos quiere transmitir.

—Hola, me presento ante todos. Soy la niña judía de la que tanto se ha hablado en este último siglo. Fui perseguida y secuestrada, no tuve la misma libertad que vosotros tenéis hoy en día. Muchos se quejan de la falta de libertad que tienen ahora respecto a la pandemia mundial, pero no saben agradecer lo que tienen. Yo estuve años encerrada y no tuve todo lo que tenéis hoy, y, sin embargo, siempre me pasé agradeciendo a Dios cada día, a pesar de las malas costumbres en las que vivía, todo lo que tenía y por regalarme un día más de vida. No pude moverme, ni siquiera salir a respirar el aire libre en la calle. Fueron una tortura mis últimos años, pero fue algo que eligió mi alma que tenía que pasar para transcender del nivel humano a una consciencia más alta e iluminada, para estar donde estoy ahora. Por eso, no se quejen, porque tienen comida, pueden respirar y salir al aire libre. Es importante que agradezcan siempre. Agradeced porque la gratitud trae bendiciones a nuestras vidas. Yo siempre lo hice, antes incluso de que estallara la guerra en Alemania. Nunca me quejé delante de mis padres ni de mi hermana Margot, a pesar de que por dentro sufría por no tener libertad ni respirar aire puro, porque a pesar de todo tuvimos suerte y éramos unos privilegiados por no estar pasando lo que otros pasaron en la guerra. A pesar de que después nos pillaran y nos terminaran llevando al campo de concentración, no lo pasé mal allí, la verdad, porque después de todo tuve suerte de no vivir esa pesadilla tanto tiempo.

»Muchos dicen y se ha hablado de que partí por tifus, pero no fue así; la que partió por esa enfermedad fue mi hermana Margot. Mi partida fue a últimos de abril de 1945, una semana antes de que acabara la guerra. No tuve una desencarnación dura, fue dormida y liviana, sin sentir dolor alguno. Inmediatamente vino a recibirme mi abuela, a la que tanto anhelaba ver, junto con mamá y Margot. Papá llegó unos años después. Estuve muy orgullosa de él, de que sacara a la luz mi diario. Nunca quise ir de heroína, simplemente quería mostrarle al mundo cómo fue el luchar y sobrevivir a una guerra, para que sepan ser agradecidos y que no desperdicien nunca ni un minuto de su vida, como si no hubiera un mañana.

»Hay que vivir el momento presente y no el mañana o el pasado, porque no tiene sentido para nuestra evolución estar anclado en algo que ya no nos corresponde; lo pasado es pasado. Hay que perdonar y ser perdonado para vivir sin rencores. Yo perdoné a Hitler y a todas aquellas personas que me llevaron a ese campo de concentración, porque en el fondo de mi corazón —yo, una niña de quince años— sabía que en los corazones de esas personas también estaba Dios. Tomé una nota de un libro de la iglesia a la que acudía, en la que decía que Dios era todo, y nunca tuve miedo. Como humana, lo pasé, pero ese miedo se envolvía en amor con la esperanza de que todo acabara y volviera nuestra ansiada libertad. No estuve para verlo porque transcendí unas semanas antes de que eso ocurriera, pero aun así me sentí liberada, porque ya no estaba dentro de la carne y podía ser libre y cumplir con todos los sueños que tenía en esa vida como Anne Frank.

»Un día no muy lejano, me reencarnaré de nuevo y volveré a la Tierra, ya que quiero cumplir el sueño de ser escritora y ahora, con todas las existencias que llevo y con una consciencia más elevada, tengo mucho que compartir en el plano terrestre y sé que me necesitan. Puede que hasta nos reencontremos y trabajemos juntos (refiriéndose a mí).

»Gracias por todo y por plasmar mi historia y el mensaje que quiero transmitir en este libro. Un último mensaje para todos: quiero que se amen, que perdonen, no guarden rencores dentro de su corazón y vivan el día a día con luz, amor y paz, que es el camino correcto y la mejor dirección que podéis tomar.

»Con amor y toda mi bendición,

»Anne Frank.

9. Tránsito de los duques de Windsor, Wallis y Edward

Wallis, duquesa de Windsor, registrada al nacer como Bessie Wallis Warfield y más tarde, por matrimonio, llamada Wallis Spencer, y después Wallis Simpson (19 de junio de 1896-24 de abril de 1986), fue una *socialité* estadounidense que, después de haberse divorciado dos veces, se casó en terceras nupcias con Edward VIII.

Edward Albert Christian George Andrew Patrick David, después conocido como duque de Windsor (Londres, 23 de junio de 1894-París, 28 de mayo de 1972), fue rey del Reino Unido y los dominios de la Mancomunidad Británica y emperador de la India desde la muerte de su padre, el rey George V, el 20 de enero de 1936 hasta su abdicación el 11 de diciembre del mismo año.

A solo unos meses de iniciar su reinado, Edward causó una crisis constitucional cuando le propuso matrimonio a la celebridad estadounidense y dos veces divorciada Wallis Simpson. Los primeros ministros del Reino Unido y los dominios se opusieron al matrimonio, argumentando que el pueblo nunca la aceptaría como reina. Edward sabía que el gobierno encabezado por el primer ministro británico Stanley Baldwin renunciaría si los planes de matrimonio seguían adelante, lo que obligaría a convocar nuevas elecciones generales y podría arruinar irremediablemente su condición de monarca constitucional, políticamente neutral. En lugar de renunciar a su amor por la señora Simpson, Edward decidió abdicar. Fue sucedido por su hermano menor, Albert, que eligió usar el nombre de George VI. Con un reinado de solo 325 días, Edward fue uno de los monarcas de más corta duración en el trono en la historia del Reino Unido y nunca llegó a ser coronado.

Después de su abdicación fue nombrado duque de Windsor y, en 1937, recorrió la Alemania nazi. Durante la Segunda Guerra Mundial fue destinado en un primer momento con la misión militar británica a Francia, pero, debido a que mantenía simpatías pronazis, fue enviado a las Bahamas como gobernador. Después de la guerra, nunca se le dio otro cargo oficial y pasó el resto de su vida en el retiro en París.

Hoy me dispongo a canalizarlos a ambos para saber cómo fueron sus procesos de tránsito y cómo se encuentran después de la vida que ambos llevaron y que causó una de las graves crisis constitucionales en la corte británica.

Empiezo contactando con Edward. Le veo con un traje y me hace un saludo quitándose el sombrero. Le veo muy joven, en la época de los años 20; tal y como él me relata, fue la mejor época de su vida y la más feliz, en sus años plenos de juventud y más rebeldes. Se ríe cuando me los cuenta. Me dice que lo de ser rey no era lo suyo, pues tenía un espíritu muy salvaje y no estaba hecho para estar al frente de la corona de un país. Siempre supo que él no sería el adecuado y su padre, el rey George V, lo sabía. Su madre, la reina Mary, se oponía a ello, pero él debía seguir su instinto y siempre tuvo claro que abdicaría, y aún más cuando no aceptaron a la mujer que él amaba, Wallis.

Me comenta que nunca hubo tal tirantez con su sobrina, la reina Elisabeth, como se ha dicho; tuvieron siempre buena relación y él la adoraba. Es cierto que le recriminó el que abandonara el país y dejara a su padre al cargo de la Corona y a ella con tan solo veintisiete años de edad, pero después le perdonó y fue muy amable con él en sus últimos años de vida. Quien nunca le perdonó fue su cuñada, Elizabeth Bowes-Lyon, aunque no le recrimina nada. Lo entendía perfectamente en esa encarnación, pero él seguía su instinto y era lo que estaba planeado en su alma. Me dice que jamás se sintió herido por todas las opiniones vertidas sobre él, en el pueblo británico y en la corte. Siempre se sintió fuerte y nunca fue débil. Iba a cumplir su deseo, que era casarse con la mujer que él amaba. Le dolió y le molestó mucho que su hermano no permitiese que ningún miembro de la familia real acudiera a su boda, pues hubiese querido apoyos de ellos ese día, pero después entendió que estuvieron los que tenían que estar. El rostro de Wallis y su sonrisa ese día le aliviaron mucho.

—Sin duda alguna, fue el día más feliz de mi vida y sentí una liberación tremenda de mucho tiempo. Wallis hubiese sido una excelente reina a mi lado, pero no era el papel que ella tenía que desempeñar en esa vida, era otro muy diferente que, sin ninguna duda, cumplió a rajatabla. Fuimos en todos esos años muy felices y estuvimos alejados de todo lo que nos perjudicaba. Tuve una transición muy plácida, no sentí nada, me fui mientras estaba dormido. No quería irme porque eso significaba dejar a mi esposa sola, pero me adormecieron y con anestesia me fui. No tuve ningún sufrimiento, ya no sentía ningún dolor ni padecía sufrimiento, pero sí que permanecí por bastante tiempo al lado de mi ángel, mi esposa, y juré que no me separaría de su lado. Estuve bastante tiempo a su lado, pero hubo algo que comprendí y era que no podía permanecer a su lado, porque con mi tristeza le estaba provocando pensamientos negativos. Así que, por amor a ella, decidí cruzar a la luz, a la espera de que ella algún día volviera a mí.

»Me encontré con mi madre, la reina Mary, y con mi hermana en el tránsito. Seguía en el palacio de Buckingham, no quería abandonarlo; mi madre era una persona muy apegada a esa vida de la realeza y no quería irse. Me invitaron a quedarme, pero yo elegí que no. Mi hermana con el tiempo cruzó también y mi madre hace poco que también lo hizo, y ahora se encuentra aquí. En ese momento elegí que debía cruzar e irme, y al cruzar fui recibido por un gran coro de ángeles celestiales. Me recibió mi hermano pequeño John, al que tanto anhelaba y echaba de menos, y mi padre estaba al fondo esperándome. No estaba enfadado conmigo, sino que, con todo amor, estaba ahí para recibirme con los brazos abiertos. Con mi abuela, la reina Alexandra, y mi abuelo, el rey Edward, fue muy bonito y muy amoroso el recibimiento que me dieron.

»Me encuentro plenamente y, como ves, estoy en mi estado de juventud más feliz. Al principio tuve que ir a planos más bajos, pero seguí ascendiendo hasta llegar a planos más altos. Sé que tengo que volver a la Tierra a repetir lecciones que no terminé de completar en esa vida y aún me quedan muchas reencarnaciones hasta llegar al alto aprendizaje. Mi próxima vida será muy humilde, ya la estoy preparando y eligiendo.

»Muchas gracias por todo y por querer plasmar mi historia en este libro. Mi mensaje para todo el mundo es que no sean avariciosos ni materialistas, porque la riqueza no trae nada, solo vacío. Llenad vuestros corazones de amor y luz. No os llevaréis nada, solo todo el conocimiento vivido. Ese es mi mensaje para todos y ojalá llegue a vuestros corazones. Gracias.

Ahora quiere hablar Wallis.

—Hola, me presento ante todos. Soy la famosa duquesa de Windsor. Todos me conocéis como Wallis Simpson, la mujer que puso en jaque la Corona británica y por la que un rey abdicó por amor. Fui insultada y amedrentada durante muchos años por haberle quitado a Inglaterra su rey. Yo todo lo que hice fue por amor y el amor no hace daño a nadie, porque el amor es la fuerza que rige todo el universo entero. Se me tachó con muchos calificativos, pero cuando estuve postrada en una cama enferma, yo supe perdonar. En mis últimos años, aunque seguía aquí, yo realmente ya estaba en el otro lado, conectando con muchas energías de luz que me transmitían que perdonara y me fuera ligera de todos los rencores y malas energías que tenía dentro de mí. Estuve así por seis años. Nunca le deseé el mal a nadie, siempre quise estar bien con todo el mundo. No era una persona en esa vida a la que le gustara el conflicto, aunque sí era materialista, cuando realmente me di cuenta en mi enfermedad que no tenía nada, que había estado perdiendo el tiempo en cosas banales sin sentido alguno y que carecían de fundamento.

»Así, pude irme ligera el 24 de abril de 1986. Tuve un recibimiento hermoso por parte de mis guías espirituales, los maestros ascendidos. El abrazo que sentí de María Magdalena me reconfortó. Fue una mujer a la que admiré mucho porque, al ser la mujer más atacada del mundo por amar al rey de Inglaterra, me sentí muy identificada con ella, en muchos aspectos. Ella, con todo su amor, me dijo: «Ya se acabó. Estás aquí para gozar de la vida eterna conmigo y todos tus hermanos celestiales». Ahí entendí todo, el porqué. Sin duda alguna, no me arrepiento de todo lo que hice, aunque hay cosas de las que no aprendí, pero por suerte existe la reencarnación, para aprender, reparar y sanar karmas y lecciones. Por eso, ámense, amen estar en este planeta-escuela llamado Tierra, que es una oportunidad para aprender. Lo que vosotros veis como problemas son lecciones de crecimiento personal e interior; no tendréis arrepentimiento alguno. Nada pasa por casualidad ni cosas del destino, todo tiene un propósito y os animo a seguirlo al frente y sin mirar atrás, que todo tendrá su recompensa cuando os hayáis desprendido del llamado velo del olvido. Os bendigo y amo como vuestra hermana espiritual y parte de lo que somos todos, uno con Dios. Gracias.

10. Tránsito de las almas del Titanic y el 11S

En el día de hoy me atrevo a empezar a canalizar a las víctimas del 11S para saber qué fue lo que les pasó, cómo fueron sus últimos momentos y qué mensajes tienen que transmitir.

Empiezo con alguien que me dice que se llama Jack. Me cuenta que estaba entre las víctimas del atentado y me habla de terror, miedo, irá y enojo. Aún no ha completado su tránsito y antes de irse necesita contar todo lo que vivió para soltar e irse libre al plano espiritual. Me explica que dentro del edificio él no sintió ninguna bomba, más bien fueron explosivos, y que lógicamente ahora que está en espíritu sabe que estaba más que planeado ese atentado, pero no quiere entrar en detalles porque ya para él carece de sentido alguno entrar en eso. Me dice que fue el momento más difícil de su vida. Creyó que era el fin del mundo.

Ahora me viene otra mujer, llamada Amelia, para transmitirme y ayudar a Jack a partir al plano espiritual. Los momentos de terror que vivió ella, como para las víctimas que perecieron aquel día de hace veinte años, fueron de lo más catastrófico que vio en su vida. Me dice que muchas almas que partieron en ese atentado están volviendo a la Tierra de nuevo después de veinte años y que una de esas almas que está volviendo viene con el propósito de, algún día, sacar la verdad a la luz de lo que realmente pasó ese día y que se sepa. Jack me dice que lo de las Torres Gemelas era algo previsible. Me confiesan que los aviones estaban vacíos y que no hubo víctimas en ellos, que las únicas víctimas que hubo estaban dentro del edificio. De hecho, ellos me dicen, en especial Amelia, que ninguno de los que estuvieron allí vio ningún avión por dentro.

Para el mundo fue la peor masacre que pudieron ver en Europa. Me hablan de que ellos y muchas de las víctimas estuvieron mucho tiempo deambulando por las calles de Nueva York y otras muchas partes del mundo, viendo los discursos hipócritas de los políticos cuando en sus consciencias de energía (sus pensamientos) sabían perfectamente que habían tenido mucho que ver. Todo fue cuestión de poder y política, aunque era algo que estaba ya previamente pactado desde el reino espiritual; no es ninguna casualidad que alguien se vaya, de cualquier manera. Sea de la manera que sea, cualquier alma que parte al reino de Dios lo hace porque ya era su momento de volver a casa.

—Todos nosotros así lo elegimos, aunque con la consciencia (ego) a muchos les parezca que no. Realmente no juzgamos a los que provocaron esta masacre, porque he ahí lo importante: no debemos juzgar a nadie porque todos somos espejos del uno al otro. Somos semillas del Creador; todo, absolutamente todo, es Dios y hemos salido de él, somos su creación más preciada. No debemos juzgar a ningún hijo de Dios porque él te ama tal y como eres y te acepta. El Creador os ama a todos por igual, para él no existen distinciones de ningún tipo y he aquí lo importante que queremos transmitir nosotros, Jack y Amelia. Te queremos dar las gracias por haber contado con nosotros para este libro. Queremos que esto quede plasmado, era necesario. Un abrazo de luz y os bendecimos de todo corazón. Estad preparados para el cambio planetario, que cada vez está más cerca.

Hoy me dispongo a canalizar a las víctimas y los pasajeros del Titanic, el buque más famoso de la historia por su hundimiento hace ciento nueve años.

Viene el capitán Smith, muy amable, y se quita el gorro en señal de saludo. Me habla de la vibración alta que hay ahora en la Tierra en muchas personas, a pesar del caos al que nos están sometiendo, del mismo que él pasó esa noche del 15 de abril del 1912. Comienza por decirme que muchos de los testimonios que se han dicho no son ciertos. Me cuenta que las calderas de fuego que tanto se dicen que explotaron no lo hicieron, ni el barco chocó con ningún iceberg. No tiene idea de cómo fue la trama, porque a él no le hicieron partícipe, pero todo lo que se ha contado acerca de que el Titanic chocó contra un iceberg es totalmente erróneo. Muchas de las personas que estuvieron allí esa noche lo sabían, pero fueron pagadas muy bien para dar otra versión contradictoria.

—También es falso que yo me encerrara tranquilamente en el camarote esperando a transcender. Yo aquella noche estaba aterrado, pero en todo momento mantuve la compostura porque quería salir de allí y escapar de esa situación como fuese. Sabía lo que se venía encima en los próximos años y con esto mi carrera se iría a pique, pero quería ser valiente en todo momento. Fui camarote por camarote sacando a las víctimas; quería a toda costa que se salvaran de la catástrofe. Muchas me dijeron que no, que querían esperar el transcender en sus camarotes, porque intuían que no sobrevivirían a las aguas heladas esa noche. Yo no pude hacer nada y, en un momento dado, vino una corriente y me arrastró. Ahí fue cuando ya no pude hacer nada. Mi transcender fue así, no como se ha mostrado en la película *Titanic* (1997) y en otras. Me importaba más la vida de los demás que la mía propia esa noche.

Ahora me vienen los músicos del Titanic, tres en concreto, y me corroboran la misma versión. Me dicen que sí es cierto que estuvieron deleitando en cubierta mientras el barco se hundía, porque así querían que fuese su entrada al llamado Cielo. Quisieron que todo el mundo, a pesar del terror que hubo esa noche, tuviera la vibración alta, para irse en paz.

Ahora me viene una de las niñas que transitó aquella noche en el barco. Me dice que se llama Emily. En aquel momento tenía seis años e iba con su hermano, un bebé pequeño, y sus padres. Me cuenta que su hermano fue el único que se salvó; ella y sus padres perecieron esa noche en el barco. Como a una niña de seis años, le daba terror, porque creía que la muerte existía y que ya no iba a existir más, y eso le daba mucho miedo, a sus padres también. Quería a toda costa salir del barco y saltar, pero sus padres no la dejaron. Me dice que allá en el mundo espiritual es feliz. Juega con muchos de los niños que aquella noche también transcendieron en el barco. Me explica que para ella y todos es como si hubiese sido ayer y no se hubiesen enterado. Aquella noche, cuando el barco se hundió, aunque muchas víctimas tenían ya sus cuerpos muertos, apareció un ejército de luz para auxiliarlos. Emily me dice que se fue con los demás niños y sus padres, por ejemplo, se quedaron. Muchos de ellos también se marcharon con sus respectivas familias, pero muchas de las víctimas que aún creían que se ahogaban se quedaron allí. Con el tiempo, muchas fueron yendo hacia la luz. Ella misma me dice que era una de las voluntarias que se ofrecía para venir a rescatarlos. Me cuenta que estuvo presente en sus funerales y en los de los demás, que era una niña cristal y que solamente vino por un periodo corto de tiempo. Ya no ha vuelto a reencarnarse más, no lo necesitaba, pues cumplió todas las lecciones y es una guía para muchas personas. Me muestra cómo es —rubia, con un lazo, de ojos claros oscuros— y me muestra el vestido que llevó aquella noche.

Ahora me vienen muchos tripulantes de tercera clase del Titanic. Me dicen que sufrieron mucho desprecios aquella noche y me cuentan cómo los encerraron para que no pudiesen salir. Debido a que era parte del plan álmico, lo perdonaron y soltaron ese odio con amor. En concreto, una ancianita de aquella noche me enseña unas escaleras que bajan a las habitaciones de tercera clase y me muestra cómo allí transitó en paz. Me confiesa que muchas de las cosas que se contaron no son ciertas y que se mintió mucho, aunque parte de la verdad que seguía oculta ya ha salido a la luz, pero hay muchas que no, demasiadas. Le pregunto si es cierto que el Titanic y el Olympic fueron intercambiados; me lo desmiente y me dice que no.

El señor Andrew, el hombre que transmitió que ni Dios podría hundir el Titanic, me dice:

—Qué iluso fui. En esa vida de Thomas Andrew era un hombre avaricioso, que solamente quería dinero y poder. Me dejé cegar demasiado por mi ego y no vi más allá. Me arrepentí bastante de muchos de los errores que cometí en esa vida, aunque muchas de esas lecciones las he podido saldar en otras vidas, pues ya me he reencarnado varias veces para saldarlas. En mi propia familia tuve que reencarnarme de nuevo en mi nieto, para saldar muchas deudas kármicas pendientes.

Me dice que en las investigaciones se tergiversaron muchas cosas. Me transmite que muchas de las personas que transcendieron aquella noche en el Titanic también lo hicieron por deudas de otras vidas que tenían que aprender, no fue por ningún castigo, simplemente son lecciones que, si no las cumples en otra vida, hay que repetirlas en las siguientes. Muchas otras personas debieron transcender esa noche, pero sus almas eligieron que no, que aún se quedarían aquí. Les dieron una oportunidad que muchos supieron aprovechar, como Margaret Brown, que se me presenta y me transmite que le sirvió para ser aún más solidaria y ayudar a muchas personas. Debió transcender aquella noche en el Titanic, pero su alma le dio una oportunidad y la supo aprovechar. Cuando se subió al bote salvavidas, Margaret me dice que supo que tenía que ayudar con la fortuna que tenía a muchas personas que necesitaban muchas cosas. Fue una valiente. En ningún momento sintió miedo, le hicieron tener la vibra alta para ser fuerte y supo actuar bien esa noche, aunque por dentro sufriera por tantas personas que perecieron aquella noche, a pesar de que sabía que era su momento de transcender.

Muchas víctimas de aquella noche se me presentan y me dicen que cuando las luces del Titanic se apagaron, se sintieron aliviados porque al fin acababa la pesadilla. Vinieron a asistirlos y a calmarlos desde el otro lado. Muchos se fueron, otros se quedaron porque seguían en terror.

Por último, todos quieren decir que nos ayudemos entre todos, que escuchemos más a la voz espiritual que a la del ego, que nos ayudemos entre todos en unidad, que si transmiten todo esto es para hacernos ver lo importante que es cumplir las lecciones en el amor, la unidad y la compasión entre nosotros mismos.

Os mandan a todos su amor, su luz y desean que sigáis bendiciendo vuestro camino y el de los demás.

11. Tránsito del príncipe Philip

Philip de Edimburgo, nacido como Felipe de Grecia y Dinamarca (Corfú, 10 de junio de 1921-Windsor, 9 de abril de 2021), fue el consorte de la reina Elizabeth II del Reino Unido durante más de setenta y tres años. Hijo del príncipe Andrew de Grecia y Dinamarca y de la princesa Alice de Battenberg, fue miembro de la casa real griega por nacimiento y de la británica por su matrimonio. Como tal, fue el último consorte del Reino Unido de origen regio al nacer príncipe por derecho propio.

Hace días que el príncipe Philip, el duque de Edimburgo, a punto de cumplir cien años, partió a los noventa y nueve años de este mundo. En principio solamente iba a escribir diez capítulos en este libro, pero sé que su transcendencia era también una señal de que debía plasmar su tránsito.

Al principio, cuando lo contacté, me comentó que me utilizó como un faro de luz para completar su tránsito. Me comunicó que se fue tranquilo y plácidamente en su cama y que no sufrió. Fue recibido por su madre, sus hermanas y por la propia princesa Diana. Él me comenta que sabe que lo hizo mal con Diana en esa vida, pero que todo era un acuerdo. Diana lo recibió con muchísimo amor porque sabe que él solamente fue un instrumento, igual que toda la familia real, grandes maestros a los que les está muy agradecida por haberle aportado evolución a su alma.

Me dice Philip que ve y siente el calor de la gente en las puertas del palacio de Buckingham y en el castillo de Windsor, así como todas las muestras de cariño y condolencias que está recibiendo. Va con su madre de la mano a ver todas esas muestras estos días. Me dice que su madre, la princesa Alice, ya alcanzó su estado de perfección, terminó su rueda kármica y no volverá a reencarnarse más porque ya está en su estado de gloria. Me habla de que en su reencuentro con la reina madre y la princesa Margaret —ambas madre y hermana de la reina— hablaron de que cuando a su querida Lilibet, la reina, le toque desencarnar, ya han acordado que los cuatro volverán a reencarnarse en la Tierra en una vida muy humilde y diferente a la que tuvieron, para practicar y sanar muchas lecciones de humildad y perdón. Todos son almas muy jóvenes y aún tendrán que volver muchas veces para seguir acumulando experiencias. También me comenta que jamás le fue infiel a su querida esposa, siempre le fue leal a la reina, como esposo y como consorte. Nunca tuvo amantes, si bien es cierto que tuvo varias amigas cercanas para hablar y distraerse, pero de ahí no pasó a más. Siempre se mantuvo fiel a la reina Elizabeth; de hecho, me comenta que es uno de los consortes, después del príncipe Albert, que más fidelidad le ha tenido a la monarca. También me habla de las tardes en Windsor, en Hyde Park y muchos sitios que las recuerda inolvidables, y de su infancia. Cuando era niño, no fue muy feliz, por los problemas que hubo en su familia y con su padre, pero recuerda que también hubo buenos momentos y recuerdos muy valiosos e inolvidables que se lleva de esta experiencia. Quién le iba a decir de niño, con la vida tan difícil que llevó, que iba a acabar casado con la futura reina de Inglaterra. Nunca se lo llegó a imaginar. La primera vez que la vio, ya hubo miradas, pero jamás creyó que alguien de su talla fuese a convertirse en el esposo de la futura heredera.

Hoy, 17 de abril de 2021, se celebró el funeral del príncipe Philip. Él estaba expectante, me cuenta, y viéndolo todo. Me comenta que justo es el último adiós que él quería y que todo se ha hecho en orden, aunque le hubiese gustado que el funeral no se hubiera televisado por dentro de la capilla; hubiera querido que fuese algo más íntimo para la familia, pero entiende que por las circunstancias se haya hecho así. Diana, que está a su lado, me comenta que también hubiese querido un funeral así, sin grandes aglomeraciones y privado, no un funeral público. De hecho, me comentan, es lo que todo miembro de la familia real quiere, un funeral privado e íntimo, pero entienden que por los papeles que tienen tengan que ser en público.

Me cuenta que en todo momento estuvo al lado de su esposa, en la capilla.

—No estuvo sola en ningún momento y sé que ella ha sentido mi presencia. También me acompañaba mi madre. Aunque en la serie *The Crown* se retrata que la relación con mi madre era fría y distante, era todo lo contrario. Estábamos muy unidos, yo la adoraba y siempre la eché de menos, y ahora que estoy junto a ella de nuevo siempre estamos juntos. Diana también anda mucho conmigo, aunque ella esté en un plano más elevado que yo por las consecuencias kármicas, que cada uno sembramos con nuestros actos en nuestras encarnaciones. Justo me comentaban la reina madre y Margaret que también anduvieron en la capilla con toda la familia, que esperaban que la reina sonriera, aunque entendían que por las circunstancias era imposible. Está abatida —han sido más de setenta años juntos—, al igual que mis hijos, sobre todo Anne, que era mi favorita, aunque yo a mis cuatro hijos los quiero por igual. Se habla de que fui un padre duro y no es cierto. Siempre intenté ser lo más cariñoso posible con todos mis hijos y mis nietos. Es cierto que por mis compromisos con la Corona no les dediqué el tiempo suficiente que hubiese querido, pero siempre estuve ahí cuando me necesitaron, o al menos intenté estar. Ahora ya estoy liviano y me siento ligero de equipaje, como se dice (se ríe).

Me dice que tiene un sentido del humor muy bueno, aunque su imagen pareciera fría en público, todo lo contrario.

—Los Windsor tenemos muy buen sentido del humor, aunque pocas veces o ninguna las mostremos en público.

Ahora se hace presente la reina Victoria, la tatarabuela de Philip, con la que me dice ha tejido conversaciones interesantes, al igual que el príncipe Albert. Philip es el segundo consorte de una reina que transciende de la historia británica y el hombre más longevo de los Windsor. No se siente orgulloso de ello porque jamás se esperó que llegara casi a los cien años, aunque lo intuía y ahora me dice riéndose: «A ver si alguien me bate el récord». Por último, quiere transmitir a su familia, por si lee estos párrafos, que está bien y que se encuentra mejor que nunca, acompañado de su amada madre, la princesa Alice, su querida tía y muchísimas más personas que los andan allí esperando. El mensaje que Philip Mountbatten Windsor quiere dar a todos, junto con su madre y la princesa Diana, pero sobre todo él, es que nos amemos unos a los otros, que no compitamos entre nosotros, que haya humildad y hermanamiento, aunque él no sea el más indicado para decirlo porque en esta encarnación como Philip no cumplió con tales roles. Aunque está fuera de la carne humana y con una consciencia más elevada, se da cuenta de ello y de que lo material —palacios, etc.— realmente carece de sentido. Sobre todo quiere transmitir que sigamos plantando semillas de amor y sembrando paz con las consecuencias más elevadas, que se puede hacer y os anima a todos.

Me comenta, por último, que su alma tendrá que proyectar otra vida en el planeta Tierra porque aún le quedó mucho por aprender, solo que ahora con una vida mucho más humilde y no con los grandes lujos que tuvo de palacios y demás. Cambiará todo eso en su siguiente experiencia, cuando le toque volver, por algo más humilde y amplio. Os da las gracias a todos y os manda todas sus bendiciones y amor.

12. Tránsito del rey George VI, la reina Elizabeth (reina madre) y la princesa Margaret

Hoy me dispongo a canalizar al rey George VI, padre de la reina de Inglaterra. Me empieza hablando de aquella mañana del 6 de febrero de 1952. Comenzó a sentir un malestar tremendo en la garganta, que de seguido se fue para afuera. Ahí se le cortó la respiración y cayó. Se vio fuera del cuerpo y lo primero que hizo fue mandar a llamar al servicio, pero ninguno le tomó en cuenta, hasta se puso furioso, y eso que él, me dice, era de poco carácter. Solía estar tranquilo siempre con sus perros paseando. Me cuenta que no hacía gran cosa, no llevaba una vida alocada como su hermano Edward podía llevar; eran distintos como el día y la noche.

Vio a su madre, a su esposa y a su hija arrodillarse a los pies de su cama y lo primero que les preguntó era qué pasaba y por qué estaban así, pero no le hacían ni el más mínimo caso. Me habla de que, en el momento en que su hija se enteró de su partida, estuvo con ella y ahí lo entendió todo. La sostuvo del hombro y le dijo: «¡Vas a ser una excelente reina y monarca para el Reino Unido! ¡Confío en ti!». Fue con la que más tiempo se pasó, porque al ser tan joven sabía que tendría inseguridades y muchos miedos al ponerse al frente de un país, y lo ha logrado con éxito, me dice, casi setenta años de reinado. Jamás se pensó que su hija iba a batir el récord del reinado más largo de la historia, después del de la reina Victoria. No se imaginó que sería tan longeva, así que se siente muy orgulloso de ella y no ha habido un día en el que se haya separado de ella. Adora a su hija y la manera como resolvió los conflictos de la casa de Windsor en todos estos años; me dice que él no habría sabido afrontarlos de la manera en la que ella los afrontó. «Siguió mis consejos y eso es algo que me enorgullece como padre», me confiesa.

Vio el cambio de todo el país a raíz de su partida y fue para positivo. Eso le alegró mucho, porque pensó que cuando se fuera de este mundo las cosas cambiarían mucho, pero no, todo lo contrario. Eso le ayudó mucho más para avanzar hacia la luz. Me habla de su funeral y me dice que lo tuvo digno de un rey, como él quiso. No tenía ya por qué estar aquí, así que todos estos cambios le facilitaron que fuese a la luz inmediatamente. Tuvo un recibimiento hermoso. Cuando entró al fondo estaban su padre, que lo recibió con los brazos abiertos; su hermano John, del que tanto se acordaba, y su abuela Alexandra. Todos le recibieron con mucho cariño y entusiasmo. Lo que no se esperaba era la inmensidad de personas que había a su lado para recibirlo. En todo momento estuvo acompañado de maestros y guías.

El mensaje que me da para todos vosotros es que no os preocupéis a la hora de transcender, que no se siente ningún dolor ni se padece algún miedo; que el cuerpo no es nada comparado con el espíritu, que es lo eterno y que jamás nadie muere, sino todo lo contrario, se vuelve a renacer y a descubrir lo que realmente somos; y que vale la pena pasar por todo lo que pasamos como humanos, aunque ahora entiende que es muy complicado para algunos de entender al estar en una materia humana, pero que algún día lo sabréis todo a la perfección y ya no habrá quejas de ningún tipo. Con esto se quiere despedir y agradecer a todos por haberle escuchado.

Ahora me dispongo a canalizar a la reina Elizabeth, la reina madre de Inglaterra, la monarca más longeva hasta ahora de la monarquía británica. Empieza a transmitirme sus malestares, los que sintió en aquel momento en el que estaba próxima a dejar el cuerpo. Me dice que no se enteró de nada, que fue algo inusual, no se imaginaba que iba a seguir sintiéndose con vida. Se sorprendió al ver su cuerpo tendido en la cama y a su hija al lado. Era una cosa imprevista que no se esperaba. Ya no sentía la falta de respiración que padecía, pero sí tenía algunos dolores por el cuerpo.

—Ahí vi a mi hija Margaret. La vi completamente joven, iba vestida con un vestido blanco y tenía una corona radiante. Al lado se veía a su padre, mi esposo, también radiante, como cuando lo conocí en los años 20, muy apuesto. Y atrás estaban mis padres, mis tíos y todo un ejército de ángeles y de personas que eran conocidas para mí; las estaba viendo.

Su hija Margaret, al ser la última que transcendió, fue inmediatamente a la luz, pues no soportaba los dolores a los que estuvo sometida en los últimos momentos. Su padre fue a buscarla y cogió su mano inmediatamente. Margaret me comenta que allí se reencontró a Diana, que también estaba esperándola, y cuando la vio ya no sintió ningún rencor ni ningún odio como sintió aquí; aún después de que Diana se fuese, lo seguía sintiendo. «Era una chica agradable que me agradó mucho y le cogí aprecio», me comenta Margaret, pero ya no sentía resentimiento de ningún tipo ni odio. La vio con esa misma cara de inocente que vio por primera vez cuando la conoció con diecinueve años y sintió la ternura que sintió por primera vez al verla. Se fundieron en un abrazo inmenso, pidiéndole Margaret perdón, a lo que Diana le respondió que nada había que perdonar; ya todo estaba dicho y la historia que hubo entre ambas formaba parte de un plan. No era más que un juego, el que venimos a experimentar en este y otros planetas.

La reina madre me comenta lo mismo: al ver a Diana no sintió la frialdad con la que la vio en los últimos años, sino un amor inmenso que a día de hoy ambas se siguen procesando y que entienden que todo era para sanar cosas de vidas anteriores. Lo mismo ocurrió con Philip al llegar aquí, ya no sentía rencor de ningún tipo hacia Diana. Me comentan que nunca supieron ver el lado bueno y la humildad de Diana en diferentes ámbitos, pero en esas encarnaciones tenían sus mentes muy cerradas. Margaret me comenta que al principio la comprendía en diferentes cosas e intentó ayudarla en lo que pudo, aunque después pasará lo que pasará entre ambas. Me habla de una fuerza insostenible que tienen ambas allí y que ya no hay separación ni conflicto de ningún tipo. Tienen una relación mágica con Diana. Me comenta que las relaciones no tienen nada que ver con las de aquí, pues allí todo ya es diferente. No existen egos, conflictos u odio, solo hay amor. Pero el amor que hay, me comentan, no tiene nada que ver con el del planeta Tierra, todo lo contrario. Es puro amor incondicional y eso en la Tierra es imposible de experimentar al ser un planeta tan denso y que vive siempre con miedo. En otros planetas con más alta frecuencia, me comentan que sí se puede experimentar ese amor, que es el amor de Dios que todos llevamos dentro, solo que algunos no saben escucharlo debido al dominio de sus egos. La reina madre me confiesa que si hubiese sabido todo esto, para ella lo material hubiese carecido de sentido. Me dice que de nada le sirvió ser reina, vivir en un palacio y en condiciones si no aprendió a vivir lo que era el amor y transcender situaciones valientemente. Me dice que aún le queda mucho por aprender y experimentar en la luz y que pronto se reencarnará en un planeta de alta frecuencia; ha elegido volver de nuevo a reencarnarse porque aún tiene mucho que vivir en varias vidas.

A ambas les gustó mucho el funeral que tuvieron, con mucha elegancia y plenitud. Me hablan de que se les han presentado a varios médiums para contarles su testimonio, pero que ninguno de ellos les hizo caso. Me dicen que soy la primera persona con estas facultades que se interesa por ellas y por su testimonio. Me han insistido mucho en que publicara sus testimonios en este libro.

Ambas realizan la tarea de ir a varios valles a transcender a muchas almas hacia la luz; en tierras escocesas hay muchas almas que se esconden y no quieren ir a la luz y ellas tienen la misión de ir a llevarlos. Muchos, cuando las ven, no se creen que sean la madre y la hermana de la reina de Inglaterra, se piensan que son demonios haciéndose pasar por ellas. Les es difícil creerlas, pero algunos acceden a ir, otros no porque se piensan que son demonios del infierno. Me hablan de que Diana para ellas es como si fuese una guía, las orienta mucho, ya que Diana está en un plano más elevado que en el que están ellas y siempre le piden orientación, hacia dónde ir.

—Hace poco que llegó aquí la abuela —me comenta Margaret—, la reina Mary. Estuvo muchos años apegada a los muros del palacio de Buckingham, pero conseguimos que viniese aquí y aún no se cree lo maravilloso que es este lugar. Sigue muy sorprendida de ello y ahora está empezando a hacer labores y tareas con nosotras.

Philip me comentan que está en un plano más alto que ellas y que lo ven muy a menudo.

—No dábamos por hecho que fuese tan longevo, ya que ni nosotras ni nadie aquí, sin el permiso de las almas de nadie, podemos saber o ver cuándo va a transcender alguien, por el libre albedrío, que aquí siempre es respetado y sagrado. Eso solo pueden saberlo los maestros y guías más elevados. Pero sí nos avisan cuando van a transcender. Lo que queremos es contar todo esto para las personas que aún están interesadas en lo material, para que abran los ojos y sus consciencias. Nada nos llevamos, solo lo vivido y todo tiene un porqué y un para qué. Nada es casual y todo corresponde a un plan mayor.

Me dan las gracias a mí y a todos por escucharlas, os mandan todas sus cariñosas bendiciones y os dicen que siempre seáis muy felices.

13. Tránsito de los Onassis y María Callas

Hoy me dispongo a canalizar a la famosa cantante María Callas, de París, y a la familia Onassis, a ver qué nos pueden contar sobre su manera de transcender, ya que todos tuvieron una muerte muy misteriosa.

Me comenta María lo feliz que estaba al ser una cantante de ópera y tener una carrera de mucho éxito. Aunque me confiesa que nada de eso le llenaba, porque anhelaba tener un amor que la quisiera y formar una familia, cosa que nunca pudo hacer, ya que no estaba destinado en el plan. Me habla de que nunca se suicidó, no hubo motivos para hacerlo, no tenía un porqué; aunque no era feliz, quería continuar luchando y seguir viviendo los años gloriosos que vivió en su época de cantante. Al dejar el cuerpo se reencontró con su amor, Aristóteles. Estaba al lado de su hijo Alexander y su exesposa Athina, también transcendida en París.

—Me comentaron que me estaban esperando. A Ari le ataba el estar aquí conmigo, nunca quiso abandonarme, y Alexander y su madre no querían apartarse del lado de Aristóteles porque les daba seguridad y, si se apartaban de él, les daba miedo estar solos. Alexander Onassis me comentó que él, al transcender, estuvo muy solo en un lugar muy oscuro, lo que su consciencia estaba proyectando sintiéndose solitario, en un lugar de terror y miedo. No fue ninguna casualidad que sus padres transcendieran los años siguientes después de él; su madre en 1974 y su padre en 1975.

Porque él, a grito desesperado, pidió la compañía de sus padres, por lo que sus almas cambiaron el plan y eligieron partir antes de lo previsto. Ambos elegimos partir de manera muy rápida y sin sufrir.

Aristóteles me comenta que para él fue un regalo el partir y dejar el cuerpo, reencontrarse con su hijo y hasta con la que fue su exesposa también, ya que ambos sufrieron el deceso de su hijo y a ambos ya nada les importaba en el mundo que no fuese estar con él. Aristóteles me dice que para él ya nada material, ni la isla ni dinero, tenía sentido alguno.

—Gracias a la partida de mi hijo, que para eso formaba parte del plan, pude desapegarme de muchas cosas. Aunque mi tristeza seguía inmune, ya nada me importaba más que estar al lado de mi hijo. Después vino otro golpe, el de la partida de Athina. Ya el ver a María irse hubiese sido para mí un infierno, estar en el cuerpo y verlo. Por eso quería que María se uniese a nosotros. Estuve todo el tiempo a su lado.

Ambos, María y Aristóteles, me hablan de su historia de amor. Eran almas gemelas. Me dicen que lo que experimentaron juntos jamás lo habían experimentado en ninguno de sus matrimonios. Me confiesa María que se quedó embarazada de un niño, pero que abortó porque hubiese sido un escándalo que se hubiese sabido. A María le hubiera encantado tenerlo, pero Ari dice que ya no quería más hijos y, por ir acorde a sus deseos, lo abortó. Eso le dolió mucho y le costó mucho perdonárselo, pero lo hizo. De hecho, por eso no pudieron estar juntos siempre, porque me dice María que Ari era muy autoritario y eso a ella no le gustaba. Ella era muy liberal y no quería que nadie le mandara, pero aun así lo seguía amando y queriendo como a nadie. Aristóteles me habla de cuando se casó con Jackie; para él era como ganar un trofeo casarse con la viuda del presidente Kennedy, la mujer más solicitada del momento, aunque nunca la amó, reconoce, y se casó para ganar más popularidad porque para él era un gran triunfo, aunque eso significase sacrificar su amor por María. Para María esa boda fue como si le clavase un puñal en el pecho. Fue la mayor traición que Ari pudo hacerle, ya que ella anhelaba, a pesar de todo, casarse con él por segunda vez. No pudo hacerlo con ningún otro hombre porque lo amaba profundamente y no tenía ojos para otro hombre que no fuese él. Ari le rogó que volviera, pero ella le rechazó con todo el dolor a pesar de que lo seguía amando y queriendo; no estaba dispuesta a volver a pasar por otra humillación como la que pasó. Cuando se enteró de su partida, todo se le vino abajo y se sintió culpable de su muerte mucho tiempo y por haber sido tan fría con él. Pero cuando se reencontraron ahí, ya no hubo culpa ni hubo remordimientos, simplemente ya nada importaba porque estaban de nuevo juntos y podían verse, abrazarse y amarse. Ahí eran las personas más felices del mundo y la frase que me dicen, «lo que el destino unió, la muerte no lo pudo separar jamás», nos da a entender que la muerte no existe y que jamás nos separamos de nuestros seres amados.

Han estado todos estos años sin ir a la luz. Se crearon en su consciencia un lugar muy bonito del que hasta ahora no habían salido. Ya tampoco había odio o rencor entre Athina y ella. «Mientras Athina estuviera al lado de Onassis y su hijo con seguridad, no le importaba que yo estuviera», me comenta María. Años después —para ellos un instante—, llegó Christina, la hija de Ari, y su abuela, la madre de Athina. Ambas se sorprendieron al vernos a todos. La madre de Athina se pensó que la muerte existía y que todo se acababa con ella. Al final se llevó una sorpresa. Ninguno se esperaba a Christina, fue sorpresivo. A su padre le hubiera gustado que continuara encarnada para seguir con el legado de la familia y con su nieta, por la que él sentía debilidad, a pesar de que ella no conociera a su abuelo, y con quien jugaba a la pelota; era pasión con su nieta. Christina me comenta que ella no se suicidó ni nadie la asesinó, simplemente fue una parada cardiaca; era su momento y se fue. No era feliz con la vida que tenía, pero por su hija quiso continuar, aunque no pudo ser. Sin embargo, estaba feliz de ver a toda su familia; a María no mucho, de hecho se sorprendió, pero si a su padre le hacía feliz que estuviera ella, lo respetaba.

Me comentan que Jackie cuando transcendió estuvo a punto de unirse a ellos, pero que ni ellos lo permitieron ni ella tampoco quiso reencontrarse. A ninguno le hubiera agradado verse porque hubieran estropeado la felicidad de aquel lugar. Me hablan de que María, con su voz angelical, les ha hecho más ameno durante estos años el que estuvieran donde están. Ya están dispuestos a transcender e ir a la luz.

Querían contar todo esto como desahogo. Ahora me muestran la luz y cómo van hacia ella. Se despiden y el último mensaje que todos dan es que no os dejéis llevar por la codicia y el dinero, que nada bueno os traerá. Solo que haya amor entre vosotros.

Índice

1. Tránsito de la princesa Diana 9

2. Tránsito de los Kennedy (Jackie, John,
Robert, John Jr. Kennedy y Caroline Bessette) 15

3. Tránsito de Grace Kelly 25

4. Tránsito de Marilyn Monroe 31

5. Tránsito de Michael Jackson 37

6. Tránsito del papa Juan Pablo II 43

7. Tránsito de la madre Teresa 47

8. Tránsito de Anne Frank 53

9. Tránsito de los duques de Windsor, Wallis y Edward 57

10. Tránsito de las almas del Titanic y el 11S...................63

11. Tránsito del príncipe Philip 69

12. Tránsito del rey George VI, la reina Elizabeth
    (reina madre) y la princesa Margaret 75

13. Tránsito de los Onassis y María Callas........................ 81

Sobre el autor

Alejandro Vargas Guerrero (Alhaurín el Grande, Málaga, 1998). Desde muy pequeño siempre se interesó por conversar sobre asuntos relacionados con la espiritualidad, el esoterismo o la mediumnidad. El dolor que supuso para él la partida de sus dos abuelas le llevó a tratar de entrar en contacto con ellas, algo que intentó una y otra vez hasta que dicho contacto se produjo y sus abuelas le transmitieron el mensaje de la importante misión que tenía que cumplir en la tierra. En dicho mensaje, ambas mujeres le encomendaron a su nieto el cometido de ser un trabajador de la luz, ayudar al prójimo y convertirse en un canal para transmitir elementos del plano espiritual. Fue así como Alejandro empezó a canalizar y desarrollar la mediumnidad, camino en el que viene trabajando desde el año 2019.